新型农村干部暨大学生村官培训丛书

大学生村官的使命与创业

编著者
李兴稼　李　萍
张子睿　陈　俐

金盾出版社

内 容 提 要

本书为“新型农村干部暨大学生村官培训丛书”的一个分册。内容包括：大学生村官的使命，大学生村官创业的理性认识，创业项目的选择与项目计划书的编写，创业资金的筹集，创业企业的组织形式与创业团队组建，创业企业的市场竞争策略和创业企业的企业文化建设。内容系统完整，语言通俗易懂。适合各级组织部门、政府农业部门及负责农村干部、大学生村官培训的专门机构组织农村干部、大学生村官培训时使用，亦可供相关部门的干部、农业院校相关专业的师生阅读参考。

图书在版编目(CIP)数据

大学生村官的使命与创业/李兴稼等编著．—北京：金盾出版社，2010.3(2013.12 重印)
(新型农村干部暨大学生村官培训丛书)
ISBN 978-7-5082-6185-0

Ⅰ.①大… Ⅱ.①李… Ⅲ.①农村—基层干部—工作—中国 Ⅳ.①F325.4

中国版本图书馆 CIP 数据核字(2010)第 003416 号

金盾出版社出版、总发行
北京太平路 5 号(地铁万寿路站往南)
邮政编码:100036 电话:68214039 83219215
传真:68276683 网址:www.jdcbs.cn
封面印刷:北京印刷一厂
正文印刷:北京华正印刷厂
装订:北京华正印刷厂
各地新华书店经销

开本:850×1168 1/32 印张:6.125 字数:147 千字
2013 年 12 月第 1 版第 4 次印刷
印数:18 001～22 000 册 定价:10.00 元

序

党的十六届五中全会提出，推进社会主义新农村建设是现代化进程中的重大历史任务，是党领导亿万农民共同进行的一项伟大事业，是经济社会发展进入新阶段的客观要求，是全面建设小康社会、构建社会主义和谐社会的迫切需求，是巩固党的执政基础的重要举措。全面建设小康社会、推进现代化建设最艰巨、最繁重的任务在农村，落实科学发展观、构建和谐社会的重点和难点也在农村。农村干部是贯彻落实党在农村各项方针政策的组织者和领导者，担负着领导、管理、组织农村经济社会发展的重任，是推进农村改革发展的骨干力量。建设一支守信念、讲奉献、有本领、重品行的农村基层干部队伍，对做好农村工作至关重要。加强农村干部作风建设，关系到党的路线方针政策在农村的贯彻执行，关系到党和政府的形象，关系到农村的社会稳定。处于最基层的村干部群体，“官”虽不大，却掌管着农村政务及村民生活的大事小情。中国有8亿农民，分布在60多万个行政村中，约有500万村干部在管理这些村庄。建设社会主义新农村，他们的作用举足轻重。由此可见，不断提高他们的素质的重要性和紧迫性。

为了加强农村基层建设，不断提高农村的管理水平，党和政府做出了为广大农村配备大学生村官的重大决策。2008年，中央组织部等有关部门决定，用5年时间选聘10万名高校毕业生到农村任职。中共中央政治局委员、中央书记处书记、中组部部长李源潮同志指出，要切实做好选聘高校毕业生到村任职工作，这既是为社会主义新农村建设培养骨干力量，更是新时期培养新一代德才兼备干部的重要途径，也是党和政府在十七大后所做出的最具战略意义的重大决策。实践证明，实施大学生“村官”工作计划对打破农村人才匮乏局面，改善农村干部队伍的人才结构，提高农村干部的整体素质，促进科技成果转化和推广，促进农村公共管理水平提高和城乡人才双向流动，拓宽培养选拔干部途径，推进新农村与和谐社会建设具有重要意义和积极作用。大学生村官在发展农业、致富农民、建设新农村的过程中，不负重托、不辱使命、不畏艰难，扎根基层，扎实工作，历练人生，施展才华，以实际行动赢得了广大干部群众的欢迎和赞誉，用自己的智慧和汗水谱写无愧于时代的青春壮丽篇章。但是我们也应该看到，这些大学生刚从精美的“象牙塔”中走出，如何使他们尽快适应农村的生活、做好农村工作，尚需进行深入细微的引导、教育和培养。

多年来，以北京农学院院长、北京新农村建设研究基地主任王有年教授为代表的一大批长期致力于“三农”问题研究的专家、学者，开展了形式多样的科教兴村富民活动，他们在组织编写出版“城郊新农村建设丛书”(14 本)，“大学生村官培训教程”的基础上，为不断提高农村基层干部和大学生村官的素质，再次与金盾出版社联袂推出“新型农村干部暨大学生村官培训丛书”。这套“丛书”的出版，有助于加强对基层农村干部和大学生村官的岗位培训，提高他们的综合素质，实现带领广大农村群众奔小康、构建社会主义和谐新农村的历史使命。

编委会人员为出好这套“丛书”进行了多方调研和精心策划，从现阶段农村干部和大学生村官培训的实际出发，将培训的热点和重点归纳为 15 个选题，组织了数十位富有农村工作及农业科技实践经验的专家、学者精心编写。因此，“丛书”具有很强的针对性、实用性和可读性。我相信，这套“丛书”既可作为农村基层干部和大学生村官岗位培训指导用书，也是实施“科普惠农兴村计划”的有益读本。

舒惠国

2009 年 11 月 18 日

注：舒惠国同志为全国人大农业与农村委员会副主任、中国农学会副会长

目　录

第一章　大学生村官的使命

选聘高校毕业生到农村任职，是培养中国特色社会主义事业接班人的战略举措。20 世纪 90 年代中期至今，大学生村官从无到有，从起初的自发探索到后来的全面推进，逐步打开了改革开放以来，知识分子回流到农村的正式渠道。截至 2008 年 2 月底，全国共有 28 个省（自治区、直辖市）启动大学生村官计划，其中 17 个省、市、自治区启动了“村村有大学生村官”计划。一批又一批的大学生走到了新农村建设的第一线。可以预见到，在不久的将来，从这些大学生村官中将出现一大批经过实践检验的各方面优秀的人才和卓越领导者。

当前，大学生下乡当村官与上世纪的上山下乡运动有着本质的不同，大学生村官承担着重要的历史使命。从国家事业发展的层面看，迫切需要一批既有完备的理论知识，又了解熟悉国情的优秀年轻人，这是国家和民族的希望所在。而大学生村官这一不断壮大的群体，将会成为国家未来各个层面的领导人才的重要来源。这一点，正是中央高度重视并着力推进此项工作的深意所在。

如果我们再从大学生村官们自身成长来看，经过了基层的艰苦磨砺，经过了第一线的实践，不仅了解了我国最基层的真实情况，掌握了广大人民群众的所思所想，增进了与广大人民群众的感情，从而了解国情、民情，这样的人生经历就是人生的财富，自然能够为未来的成长之路打下坚实的基础。

第一节　选聘高校毕业生到村任职的战略意义[①]

高校毕业生是党和国家宝贵的人才资源，是全面建设小康社会、推进中国特色社会主义伟大事业的生力军。选聘高校毕业生到村任职，是贯彻党的十七大精神、深入贯彻落实科学发展观的一项重要举措。具有重大而深远的战略意义。

首先，选聘高校毕业生到村任职，是培养有知识、有文化的新农村建设带头人的战略举措。

农业、农村、农民问题一直是我国革命、建设和改革的根本问题。新中国成立以来，特别是改革开放以来，农村经济社会发生了深刻变化，正经历着由传统农业向现代农业、传统农村向现代社会、传统农民向现代农民的历史性转变。要实现这一转变，迫切需要有现代知识、现代思想、现代眼光的新农村建设者。但现在一方面新农村建设骨干人才匮乏，农村青壮年劳动力不断向城镇和非农产业大量转移，农村党员和村级干部队伍总体上年龄偏大，文化程度偏低，一些地方村级组织后继乏人；另一方面不少高校毕业生在城市里找工作困难。

建设社会主义新农村，资金、技术等发展要素要向农村倾斜，人才更要向农村倾斜。有组织、有计划地选聘高校毕业生到村任职，既有利于解决农村组织后继乏人问题，有利于改善农村干部队伍的结构，又有利于引导大学生面向基层和农村就业，为社会主义新农村建设提供人才支持和组织保证。

其次，选聘高校毕业生到村任职，是优化党政干部来源结构，保持党同人民群众血肉联系的长远大计。

我们党的根在人民，党的性质决定了党的干部必须对人民怀

---

① 李源潮：选聘大学生到村任职是培养接班人的战略举措

有深厚感情。在新的历史条件下，党政干部的来源结构发生了很大变化，多数是从学校门直接进机关门的干部，从农民、工人中成长起来的越来越少。机关层次越高，来自基层和生产一线的就越少。这种情况发展下去，就会造成我国干部队伍的根本性缺陷，产生官僚化和机关化的危险，疏远干部和人民群众的感情，影响党执政的政治基础。选聘大学生到村任职，让党政干部培养链深深扎根于基层人民群众之中，扎根到农民这个最大的社会群体之中，有利于保证我们的干部队伍始终与人民群众心连心，始终保持党的政治本色。

第三，选聘高校毕业生到村任职，是从工农一线培养年轻干部优良传统的继承和发扬。

从战争岁月到和平年代，从新中国成立到改革开放时期，我们党都注重在工农群众中培养锻炼干部，推动青年知识分子走与工农群众相结合的成长道路，在革命和建设第一线成长起了大批治党、治国、治军的优秀领导人才。现在的党政领导干部许多都有在农村工作的经历。

改革开放以来，按照邓小平同志提出的干部队伍“四化”方针，从1980年起开展选调优秀大学生到基层培养锻炼工作。20多年来，“选调生”总数已达10万多人，目前担任县处级以上领导职务的有5 800多人。这充分说明，从基层和生产一线培养锻炼干部，是党的干部工作的一贯方针和优良传统。

因此，选聘高校毕业生到村任职，符合年轻干部的成长规律，是保证党的事业后继有人的需要。

第二节　大学生村官的使命

在我国农业、农村、农民发生深刻的历史性转变的时期，大学生村官肩负着重要的责任和光荣的使命。

一、肩负着把传统农业转向现代农业的使命

我国传统农业以小规模经营、精耕细作、自给自足为主要特征，与世界发达国家的现代农业有较大差距。现代农业是采用现代生物技术和产业化生产方式，面向市场的农业。我国的传统农业转向现代农业需要具备3个方面的基本条件。一是减少直接从事农业生产的人口，扩大土地经营规模；二是持续增加对农业的投入，提高农业的集约化程度；三是要有懂技术、会管理、善经营的现代农民。

当代大学生接受了系统的科学教育，具备一定的专业技术和管理知识，又有开阔的眼界，了解世界经济和世界农业的发展态势，所欠缺的是实际工作的经验。大学生村官到农村去就是要承担起发展现代农业的使命。目前，在土地规模经营和增加农业投入上面中央和各级地方政府不断加大政策支持的力度，但是没有适当的人才，政策难以转化为生产力。而大学生村官正是实现农业现代化的最重要的力量。

二、肩负着把传统农村转向现代社会的使命

我国传统的农村社会具有小农经济和乡土文化的特征，传统农村社会的社会结构以家庭为核心，并在家庭的基础上衍生出一种家族制度。若干家族又在血缘的基础上联合成宗族。整个社会则在宗族的基础上形成一种宗法制度，这种宗法制度成为封建社会的基础。传统农村社会是封闭的，维持社会秩序的是尊卑上下的“礼治”。而现代社会是法治社会，是依靠法律来调节人们之间的关系。尽管我国近代传统社会结构受到西方文明的冲击，在1949年以后，又经历了社会主义改造以及历次政治运动，但我国农村社会的许多落后的传统意识和习惯并没有被彻底清除。因而，改造传统农村，建立现代社会仍然是一个艰巨的任务。

我国发展的战略目标是在21世纪中叶实现现代化，社会主义新农村建设是我国现代化进程中的重大历史任务。从这个意义上讲，新农村建设就是农村的现代化建设。因为新农村建设是要依靠现代科学技术引领农业和农村经济发展；是要以现代生活水准引领农村人居环境改善；是要用现代社会文明的成果引领农村文化、教育、卫生和社保等社会事业发展。这3个方面引领逐步把农村引上现代化。

所以，新农村的“新”字，实质上是新在现代化，即把贫困落后的传统农村建设成现代化的新农村。靠谁来完成这个重要的转变呢？目前，农村青壮年数量日益减少，农村基层干部也偏于老化，难以承担起这个重任。大学生村官就是承担这一使命的重要力量。

三、肩负着把传统农民转变为现代农民的使命

要实现农业现代化和农村现代化，最根本的条件是农民的现代化，没有人的现代化，其他现代化是实现不了的。改革开放以来，我国农村社会经济有了巨大的进步，农民生活水平也有了较大提高。但是，传统农民的小农经济的烙印仍然根深蒂固地存在着。相当数量的农民满足于吃饱肚子、住上新房，小富即足，安于现状；少数人比排场讲阔气，大搞封建迷信；还有极少数村霸违法乱纪、欺压百姓。在农村，宗族意识还很浓厚。农民文化素质普遍偏低，对于现代科学技术难以接受和应用。

上述现象揭示了传统农民的素质、行为和观念同建设现代农业和现代农村的目标极不协调。事实证明，没有农民素质的提高，现代农业和现代农村是建立不起来的。项目可以引进，资金可以引进，技术可以引进，少数高、中级人才也可以引进，唯独农村经济社会发展的主体——农民是不能引进的。因此，坚持以人为本、以民为重，加快传统农民向现代人转变，促进农民的全面发展，是农

村现代化的关键。

建设现代农业，最终要靠有文化、懂技术、会经营的新型农民。现代化的农民要有先进的科学文化素质，要求掌握先进的农业机械设备及科学仪器，较高的政治参与水平，了解党和政府的各项方针政策，积极参与农村文化建设，不断增强自身的各项素质。实现传统农民向现代农民的转变，有多条路径。大学生村官大部分生长在城市，具有现代市民意识，他们的文化知识、科学素养和法律意识对于传统农民的小农意识是一种冲击；同时，大学生村官也向农民学习生活知识和生产经验。大学生村官的带动作用显然是一条把传统农民转变为现代农民的重要途径。

第三节　大学生村官如何看待自己的使命

许多大学生村官刚刚到农村时并没有意识到自己承担着如此重要的使命，甚至有的大学生把下乡当村官看做是解决就业问题的权宜之计。但是，下乡工作一段以后，深切感到农村社会经济发展落后与建设小康社会的矛盾，深切感受到农民增收致富的渴望与农村缺乏科技人才和创业带头人的矛盾，从而，逐渐明确大学生下乡当村官的意义和担负的使命。

一、应当认识到人的才干不仅要靠读书求学增长，而且要靠实践磨炼积累

当代大学生思维活跃、视野开阔、知识面宽、富有创造热情，但多数人还缺乏基层艰苦生活的锻炼。如果不到实践中经风雨、见世面，就很难担当社会重任。农村既是施展才华的舞台，又是历练人生的学校。“艰难困苦，玉汝于成”。大学生村官必须坚定自己的人生选择，克服浮躁情绪和功利主义思想，扎根农村基层，在艰苦环境中砥砺意志和品格；更加深入地了解农村和农民，虚心向农

民群众和农村基层干部学习，在服务农民、带领农民致富的实践中经风雨、长见识、增才干，在体验农民甘苦、与农民一起创业中增进对群众的深厚感情，做农民群众的知心人。要把所学知识专长和农村资源、市场需求结合起来，充分发挥眼界宽、信息灵、思路活的优势，带头创业、带领农民创业，做建设社会主义新农村的生力军。

二、大学生村官要有爱岗之情，敬业之举，创新之想，廉洁之心

所谓爱岗之情就是指热爱“村官”这个工作岗位，发自内心地去熟悉了解农村工作，不怕辛苦，全心全意投入到“村官”工作中。村官在工作中做到“爱岗”，第一是要认清岗位。“村官”工作在农村，服务于农民，工作对象比较复杂，工作内容千头万绪，作息时间上也没有规律，而且与当地公务员、事业编制人员相比，其薪酬待遇、工作条件、生活保障等方面都有不尽如人意的地方。因此，从成为一名“村官”的那天起，村官们就要对这份工作有全面清醒的认识，认识到其工作的艰辛、待遇的一般和生活的清苦等，在心理上真正接受它。第二是要坚定信心。村官工作是中央和地方政府都高度关注、高度支持的事业，只要大学生村官虚心好学，投身实践，就没有克服不了的困难，完全可以把这份工作干好，为民谋利。

所谓敬业之举，就是指在日常工作中勤思考、勤分析、勤总结。要充分发挥自己的主观能动性，善于发现问题，认真分析原因，努力解决问题，提高农村工作水平。

所谓创新之想，是指坚持与时俱进，抓住新时期农村工作的新情况、新问题和新要求，以创新精神谋划各项工作。一是创新理念。破除思想僵化，打破旧观念、旧框框的束缚，在具体工作中尊重传统、解放思想，敢于根据新时期新农村建设的新要求创新工作理念，不断进取，不断开拓新局面。二是创新内容。除了做好村官日常工作以外，要掌握村情，全面了解当地自然资源、风俗民情和

经济社会发展情况，寻找和蓄积后发优势；善于培植特色产业，带领村民致富；善于争取项目加快农村基础设施建设，改善农民群众生产生活条件；善于帮助输送农村富余劳动力，增加农民的农业外收入。三是创新方法。加强政治理论、政策法规等基本理论以及村庄规划、生态建设等专业知识的学习培训，不断提高解决实际问题的能力。

所谓廉洁之心，就是指把好自身的廉洁自律关，认真学习党风廉政建设的规定，常怀清廉之志，常思贪欲之害，带头履职尽责、带头清正廉洁，争做农村基层干部勤政廉政的表率，切实维护群众的根本利益。

三、坚持求真务实的工作态度

扎根基层群众，获得农民群众的理解和支持。现在，有的地方群众形容大学生村官是“井里的葫芦”，上面看是在下面，下面看是在上面。这样就很难获得群众的支持和理解，工作很难打开局面。所以，一定要克服急功近利的浮躁情绪、高高在上的骄傲情绪、不思进取的悲观情绪，放下架子甘当小学生，时刻保持谦虚谨慎、不骄不躁的学风，向基层干部学习，向农民群众学习，在一点一滴的实践中去认真感悟、细心体会，把学习作为积累知识、增长才干、提高水平的重要手段。

要密切关注当前农村改革发展的实际，认真学习党在农村的政策法规、农村改革的发展历史，以及所在地的乡情及村风民俗，掌握好第一手资料，以正确的理论指导工作的开展。同时，还应当学习科技、法律、文化等方面的知识，以不断增长见识，拓宽思路，有效地将经济、科技、文化等方面的知识与工作实践紧密地结合起来，开拓农村社会经济发展的新局面。

第二章　大学生村官创业的理性认识

大学生村官如何在农村这个广阔的天地开创自己的事业，如何下得去，留得住，有所作为，关键是要有创业意识和创业能力。对待大学生村官创业既要看到它的必要性，可行性；也要看到它的困难性，风险性。也就是说，对大学生村官创业要有理性认识。

第一节　大学生村官创业与新农村建设

长期以来，农业、农村、农民问题一直是决定我国全面建设小康社会进程和现代化进程的关键性问题，也是关系党和国家工作全局的根本性问题。没有农业的牢固基础和农业的积累与支持，就不可能有国家的现代化发展；没有农村的稳定和全面进步，就不可能有整个社会的稳定和全面进步；没有农民的小康就不可能有全国人民的小康。为此，中央审时度势，在十六届五中全会上做出了建设社会主义新农村的重大战略决策，为今后我国农村勾画出了“生产发展、生活富裕、乡风文明、村容整洁、管理民主”的新蓝图。

中央提出的新农村建设的20字方针，也是我国新农村建设的目标。这是一项长期而艰巨的任务。不仅要靠全体农民的努力奋斗，而且需要以科学发展观为指导思想，动员社会各界参加这项伟大的事业。大学生村官虽然人数不多，但是，具有现代科学知识和文化素养，与城市经济社会有着紧密的联系，在新农村建设中发挥着带头作用。大学生村官在新农村建设中承担着下列重要任务。

第一，把生产发展放在首位，努力促进农村经济的发展。应当认识到，推进新农村建设是一项长期而繁重的历史任务，必须坚持以发展农村经济为中心，进一步解放和发展农村生产力，促进农民持续增收。

第二，推进现代农业建设，强化社会主义新农村建设的产业支撑。包括大力提高农业创新和转化能力；加强农村现代流通体系建设；积极推进农业结构调整；稳定发展粮食生产；发展农业产业化经营；加快发展循环农业等内容。

第三，加强农村基础设施建设，改善社会主义新农村建设的物质条件。包括大力加强农田水利、耕地质量和生态建设；加快乡村基础设施建设；加强村庄规划和人居环境治理等项内容。

第四，提高农民的科学文化素质，积极推进农村基层民主建设。

在这些重点任务中，最重要的是强化社会主义新农村建设的产业支撑。没有产业支撑，新农村建设就会成为无源之水，变成形式主义的东西。而农村产业的发展恰恰需要大学生村官带头创业。

党的十一届三中全会以来，我国全社会的创业活动形成过 3 次高潮。第一次是 20 世纪 70 年代末，当时大量的初、高中毕业生和返城的下乡知青需要政府安排就业。但是，由于社会处于拨乱反正的阶段，企业刚刚开始恢复正常的生产秩序，无法解决数量众多的青年就业问题。一些青年在街道、企业的帮助下开始创业，如北京前门大碗茶商贸集团就是这样发展起来的。第二次是 80 年代初，在党的十一届三中全会精神指导下，农民开始创业，乡镇企业异军突起，使农村经济结构发生了巨大变化，特别是东部地区和沿海地区，乡镇企业成为农村经济的支柱。第三次是 90 年代开始，以科技人员下海办企业和海外留学人员回国创业为标志，民营科技企业迅速发展，推动了我国高科技产业的萌发。

这 3 次创业高潮，前两次可以说基本是以求生存和求温饱为目的的创业，而第三次创业是将创新和创业结合起来的向科技进步要效益的创业，对我国经济结构的调整和增强企业竞争能力有着重要的影响。党的十七大把创业提到新的高度来认识。

党的十七大报告针对农村工作提出了坚持把发展现代农业、繁荣农村经济作为首要任务。以促进农民增收为核心，发展乡镇企业，壮大县域经济，多渠道转移农民就业。这与村官的创业活动有着密切的联系。现在，高校毕业生的创业活动得到全社会的广泛关注，可以说是我国改革开放以来的第四次创业高潮。其中，尤以大学生村官创业引人关注。大学生村官创业与高校毕业生的创业活动既有相同的一面，也有特殊的一面。大学生村官创业不仅对于大学生村官本身实现人生价值和获得财富有重要意义，而且对于发展农村经济，带领农民致富，建设新农村有重要作用。

第二节　农村创业是实现大学生村官人生价值的途径

随着我国新农村建设和城乡一体化的迅速推进，农村的创业空间越来越大，大学生村官视野开阔、思维活跃，学习能力强、适应能力强，只要端正思想认识，树立创业信心，就一定可以在农村这个广阔舞台上干出一番大事业，闯出一片新天地。大学生村官创业首先要转变观念，大学生村官到农村创业，确实有其自身的不足，如缺少资金和技术，没有基层工作经验等，但这些都不是问题的关键，关键是有的大学生村官自己都不明白肩上所承担的责任，不明白作为一名“村干部”的首要职责是什么，而只是每天忙于抄抄写写、填个表格、写个材料、打个文件等事务性工作，满足于做一名宣传员、打字员、“小秘书”，这不仅仅是对自身价值的忽视，也是对自己青春时光的巨大浪费。

作为接受过高等教育的大学生村官，更应该准确把握农村工作的新形势，把全部的热情和智慧投入到创业中去，创业需要什么知识,就学习什么知识;创业需要什么技能,就学习什么技能,把学到的知识和技能应用于事业的发展,在创业中不断完善知识结构、丰富人生阅历、实现人生价值。每一位大学生村官都要正确对待创业,以积极的心态投入到创业实践中去。

一是要端正创业动机。要树立正确的得失观念,把农村作为自己建功立业的舞台,把磨炼自己作为创业的目的,创业当然要有经济效益,但是不能单纯把赚钱盈利的多少作为衡量工作成绩的标尺。

二是要树立艰苦创业的意识,任何事业都不可能一蹴而就,要把每一次困难与失败当作历练自己的机会和继续前进的动力。要树立诚信的理念,合法创业,诚实经营,文明致富。要正确客观地评估自身的创业能力和创业意愿,力争将资源利用最大化,经营风险最小化,项目实施特色化,走出一条成功的创业之路。

三是要提高创业能力。创业是一个由简到繁的过程,应从简单的市场调查和分析做起,积累经验,不断学习了解相关的法规政策、创业致富信息和市场动态,弥补自身不足,完善知识结构,提高处理复杂问题和矛盾的能力;重点培养和提高动手能力、组织管理能力和人际交往能力;重视调动周围群众的参与积极性,发掘创业团队的协作力和执行力,将大学生村官创业的目标真正统一到创业富民上来。

四是要提升创业层次,要加强农业科技的应用,提高农产品质量和附加值,全面提升农业效益。要充分发挥信息、技术优势,利用母校的科研背景和教授、同学资源,推动与创办企业的产学研合作,实现共同发展。

五是要正确处理好个人创业与带领农民创业的关系。个人创业是基础,带领农民共同创业是目标。创业是具有风险性的活动,创业开始就把农民置于风险之中是不容易获得农民支持的,只有个人创业取得了初步的成功,才能说服农民一起创业。

成都市新都区的刘洪宇，大学毕业后，放弃在城市的高薪收入，同夫人一起到农村租地54亩，建了50多个蔬菜大棚，创办了广天农业高科技公司。他运用现代科技，种的南瓜一个长到150公斤；种的管道水培奶油生菜一季亩产可达10吨，是大田产量的10多倍；种的早熟番茄，比本地品种早上市1个多月。他的产品销到大型超市和星级酒店。同时，他还以公司＋农户的模式，免费为群众提供种子、技术，以最低保护价方式包销农户产品。为当地80名农民提供了就业岗位。他被评为“四川省十大创业新星”。①

重庆市云阳县杨大可，也是大学毕业后放弃在城市的高薪职业，2000年和同是大学生的女友一起回乡，承包200多亩荒山种植水晶梨，2002年获得成功，2004年果园纯收入即达10万元。接着又创建云阳县水晶梨专业合作社，以“包成活、包技术、包回收”的形式，与附近农户签订合作协议，大规模发展水晶梨产业。不久，加入合作社的农户达到245户，种植面积达11 000亩，每年为农民增收1 000多万元。杨大可荣获“2006年感动重庆十大人物”。

陕西杨陵西北农业大学畜牧兽医系毕业的燕君芳，到农村发展养猪，8年时间，从饲养到屠宰、加工、销售一条龙发展，创办起陕西杨陵本香农业产业集团，以“公司＋农户”的方式带动3 100户农家发展养猪事业。

实践证明，农村确实是一个广阔的天地，是有知识、有抱负、有作为的青年创业的舞台。对于大学生村官来说，比上述那些自愿到农村去创业的大学生更有条件走创业之路。

---

① 四川时报 2008.1.27

第三节　客观认识农村创业的机遇与风险

毫无疑问，创业是具有风险的投资活动，任何一个创业者都要具备风险意识。大学生村官创业也不例外，应当全面看到农村创业的风险和机遇。

一、目前农村创业具有巨大的机遇

这种机遇表现在 3 个方面。

（一）新农村建设的机遇

党的十七大以来，从中央到地方都高度重视新农村建设，对农村经济采取"少取、多予、放宽、搞活"的方针，各级财政加大了对于农村和农业的投资力度，全社会出现了"工业反哺农业，城市带动农村"的局面。新农村建设为农村新产业发展带来了机遇。包括发展都市型现代农业和农产品加工业，积极推进农业产业化；发展新能源工业和环保材料工业；承担农村基本建设，建材、建筑、水利设施、园林绿化等工程。在这些新产业领域里有很大的创业空间，大学生村官可以根据自己的条件选择适当的创业项目。

（二）城市产业结构调整和产业转移的机遇

我国城市产业经过高速度的发展，目前已经到了调整产业结构的时期，城市由于地域的局限性，公共设施的高度紧张，居住成本不断提高，越来越不适应发展加工工业，而要向现代服务业拓展空间。相当一部分传统产业要转向农村。在确保不污染环境的前提下，把城市产业转向农村，既可以扩大加工工业的规模，又可以增加农民的就业机会，提高农民的收入，增强农村经济的实力。大学生村官可以抓住这个机会，把创业与引进城市产业转移项目结合起来。

(三)各级政府对于大学生村官创业支持政策的机遇

为将大学生村官工作长期健康地进行下去,中组部、中宣部、教育部、公安部、民政部、财政部、人力资源和社会保障部、农业部、国家林业局、国务院扶贫办、共青团中央、全国妇联等部门联合下发了《关于建立选聘高校毕业生到村任职工作长效机制的意见》。该意见提出选聘高校毕业生到农村工作,关键是要让他们在农村干事创业、发挥作用。基层党委、政府要帮助大学生村官开展工作,主动给他们压担子,交任务。例如,宣传贯彻党的路线方针政策及上级党组织有关安排部署,组织实施社会主义新农村建设的有关任务,做好本村产业发展规划,领办、创办专业合作组织、经济实体和科技示范园等。该意见提出要扶持大学生村官自主创业。各地将结合实际,建设和完善一批投资小、见效快的大学生村官创业园和创业孵化基地,认真落实高校毕业生创业的各项优惠、扶持政策。重点帮助和支持那些有创业意愿、创业能力、创业优势的大学生村官。强化大学生"村官"创业指导服务,积极开展信息咨询、项目开发、创业培训、创业孵化、小额贷款、开业指导和跟踪辅导等工作。各级共青团组织将大学生"村官"创业纳入促进青年创业就业总体部署。

在中央各部委支持政策指导下,各省(自治区、直辖市)也相继推出了许多支持大学生村官创业的政策和措施。例如,2008 年 10 月,湖北省委组织部、团省委出台《关于在全省实施选聘生创业"扬帆计划"的意见》,通过省、市、县三级联动,按照"小额资助,直接到人,滚动运作,爱心传递"的运作模式,鼓励支持大学生村官兴办、领办创业项目。省级每年重点扶持 100 个左右的项目,为每个入选项目直接资助 1 万~10 万元小额扶持启动资金,发展潜力大、形成规模、进入良性发展的项目可获得多次扶持。同时,"扬帆计划"入选项目可申报"农村青年诚信创业计划"贷款,自动获得"金穗惠农青年卡"3 万元的信贷授信支持。全省每年扶持 500 个项目,培养1 000名农村青年致富带头人,带动10 000名农村青年就业创业。

江苏省一些地(市)积极扶持大学生村官创业,成效显著。据报道,江苏省宿迁市通过全方位地向大学生村官宣传“双带”,即带头富、带民富意识,让他们最终把思想集中到谋求村域创业发展的主题上。目前,该市2007年任职的254名大学生村官基本上已完成从就业到创业的转变。在市委组织部的直接指导下,全市已建立市级大学生村官创业示范点39个,参与创业的大学生村官达120多人。创业方式有独资、合资、股份制等多种形式,创业领域涵盖了种植业、养殖业、加工业和服务业等各行各业。为当地群众提供就业岗位2 640多个,帮助1 100多户群众找到创业项目,带动5万多人走上致富道路。江苏省如皋市建立了大学生村官创业项目库,已有56名大学生村干部成功申请创业贷款639万元,已有42人创办了各类项目,102人有了明确的创业意向,创业领域涵盖种植业、养殖业、加工业、服务业等多个行业。

二、大学生村官创业存在着一定风险

这些风险可能来自环境,也可能来自创业者本身的因素。

来自环境的因素主要是市场风险、自然风险和社会风险。市场风险是指由于市场需求的变化,有可能生产的产品销售不出去,或者产品价格下跌,原材料价格上涨等因素造成企业亏损,难以维持经营。当然,一旦企业倒闭,不仅前期投资收不回来,还可能背上债务负担。自然风险是农业经营活动特有的风险。因为农业是自然再生产与经济再生产的结合,各种自然灾害(水、旱、虫、病等)都可能使动、植物生产过程中断,给经营者造成重大损失。社会风险是指各种社会因素造成的风险,如某些基层行政管理部门的“吃拿卡要”,某些原材料供应商的掺杂使假,某些购买者的恶意欠款,某些村民的故意毁坏等,都可能造成经营者的损失。

来自创业者本身的因素主要有经营经验不足，管理能力不够，创业团队凝聚力不强，缺乏协调各方面关系的能力等。

大学生村官创业一定要对创业风险有足够的认识，但也不要被这些风险吓倒，要坚信党和各级政府的支持和农民群众的支持，只要善于学习，善于总结经验，就没有克服不了的困难。

第四节　大学生村官创业的成功法则

大学生村官创业是一个长期努力的过程，不可能一蹴而就，要有艰苦奋斗、不断进取的思想准备，要不断提高创业能力。从一些大学生村官创业的成功经验来看，农村创业需要做好以下 3 项工作。

一、要选准创业项目

选好项目，是创业成功的一半。大学生村官可以根据自身专业优势选项目，根据任职村的区位优势和产业优势选项目，根据市场需求选项目，因人制宜，因地制宜，宜工则工，宜农则农，宜林则林，宜牧则牧。可以积极争取社会各方面的支持，尽量减少不必要的失误，确保项目选得准、发展步子稳。

二、要选择合适的创业模式

大学生村官创业没有固定的模式，他们多数是初次创业，热情有余，经验不足。大学生村官应根据自己的实际条件采取合适的创业模式，尽可能地降低创业风险。对于所学专业与创业项目对口、个人有一定创业经验和资金积累的，可以自主创业；对于创业项目风险小、资金需求较大的，可以实施股份合作、融资创业；对于所学专业与农村联系较少、缺少资金和技术，但具有较大培养潜力的，要争取本地种养大户积极帮助，实行带动创业。对任职村相邻、产业优势相近的大学生村官可以组团创业，将所学专业知识捆绑起来，共同解决创业中遇到的实际问题。

三、要发挥示范辐射作用

充分发挥大学生村官创业的示范辐射作用，带动广大农民群众共同创业。应当认识到，只有带动更多的农民共同致富，才能使农村创业得到更广泛的支持和更多的资源，创业之路才能越走越宽。

大学生村官创业的过程也是一个不断增长经验，不断成熟的过程。在这一过程中，要做到以下几点。

(一)适度的激情与理性的思考相结合

激情是一种催化剂，它能调动创业的综合素质与各方面的潜能用于创业。但对于大学生村官而言，激情过多也常常表现为创业的信誓旦旦与对创业前途持过于乐观的态度。这种创业心态主要表现为对创业项目可行性分析不够或不全面、不严谨，只从事物的一方面评价创业项目，这其中有很大部分创业者都仅仅只是有一个想法，而没有实现这个想法可行性高的实施方案作为保证。由于大学生村官缺乏创业经验，故在考察商机与项目时，往往只能停留在理论分析上，无法从实践的角度了解项目。在此情况下，大学生村官应该以冷静理性的心态面对创业机会与项目。

(二)分析问题要具有系统的观点、全面的观点

创业是一个系统工程，它要求创业者在企业定位、战略策划、产权关系、市场营销、生产组织、团队组建、财务体系等一系列领域有一定的知识积累，大学生村官有了好的项目或想法，只是代表“创业的长征路”刚跨出了第一步，而在创业准备时对可能遇到的问题准备不充分或根本就没有思考对策与设计好退出机制，对各种创业中可能会出现的问题和障碍估计不足，而导致一开始便遇到各种各样的难题，使创业之路还没有走出多远，即以失败告终。

所以，要着眼于创业的全过程。

（三）明确创业工作的核心目标

按现代企业制度组建的公司是一个以盈利为目的的组织。这是公司的定义，但可能很多人认为现代公司是以客户为中心、是以社会价值为中心、是以产品质量为中心。这些观念本身并无错误，但不能作为创业的核心目标，因为一个企业如果能盈利，也就表明了它存在的价值。所以我们可以说，创业者的工作核心就是盈利，也就是增加收入，减少支出，这是创业者工作中的最高原则，是一个创业企业生存与发展的基础。只有创办的企业获得了盈利，对农民群众才有说服力，也才能吸引更多的农民加入创业之中。

（四）团队组建与协作精神

团队精神，这四个字也许是最平常、最易懂的管理概念了，但由于大学生村官这一特定创业群体，一般为年龄在25岁以下的大学生，他们的社会与人生经验不足，而且处于热血沸腾的感情阶段，个性化、自信力等都较强，所以在团队组建、团队分工、团队规则制度等诸多体现“人与人合作”的工作中，大学生创业者往往会出现“一人是龙、二人是虫”的情形。纵观当前时代发展趋势.社会分工越来越细，越来越专业化，任何创业者想依靠单打独斗而获得成功的可能性已降得很低。在实际工作中，大学生村官要避免出现以己为主、刚愎自用等不利于合作创业的情形。

（五）犯错与改正

一次营销决策失误、一次小的财务危机，或是一次上门推销失败，都有可能成为大学生村官创业路途中的绊脚石，都会在一定程度上打击没有做好创业持久战准备的大学生创业者，让他们在心理上元气大伤。其实大学生村官要正确看待创业过程中遇到的问题与麻烦，这是十分正常的现象，只要在犯错后迅速改正，或多听取别人的意见与建议，吃一堑长一智，要在交了犯错误的“成本”后，认真分析与总结，从失败中找到自己的弱点与不足，并加以改正。几乎所有的创业都要经历失败这一痛苦的过程，但这也是通向成功的道路。

(六)坚持就是胜利

再充分的创业准备也有不完善的环节，再周密的商业计划也难免有没有顾及的地方，再团结的创业伙伴也会发生摩擦，再厚实的资金也有周转不灵的时候。这一切都说明在瞬息万变的创业环境中，能影响我们创业的不确定因素太多了，谁都无法保障，在下一个路口我们能选对方向，所以创业过程中会遇到挫折与失败是再正常不过的事情了。也许有时候会觉得前途一片茫然，有时候会觉得自己很无助，有时候又觉得创业太过辛苦，无法再继续，但坚持就是胜利。

大学生村官创业的成功之路可以从一个事例得到生动的说明。陈墨是北京农学院的一名毕业生，2007 年 7 月毕业后，响应国家鼓励大学生到农村基层就业创业的号召，和另一名大学生胡建党一起到北京郊区大兴区庞各庄镇当上了大学生村官。大学生村官和农村创业者的双重身份，让他们逐渐熟悉了农村，习惯了农村，对农村现状的感受也逐渐清晰起来。他们一直思索的问题是：大学生村官这样一个特殊的群体，该如何找准角色定位、如何履行责任义务、如何彰显人生价值。在当村官的 2 年里除了完成村务工作以外，一直致力于探索农村的发展途径、项目的实施和运作。他们决心勇做创业的先锋者。

创业的第一步是寻找好的创业项目。他们认为寻找创业项目应想村民之所想，为村谋求发展。在到任后一年多的时间里他们协助村支部书记与主任做了多方面入户、进田的调研工作，在与村民交流中增进了感情也增加了信任。感到农民最大的愿望是致富，最关心的问题是收入。但村民的经济现状不容乐观，本村青年劳动力越来越少，从事农业劳动的大都是 40～50 岁的人员，大多数村民经济收入相当低。陈墨和胡建党感到作为大学生村官，要把新的发展理念传授给农民，新农村应该让农业产业有新的变化，培育特色农产品，培养新型农民。所以，在项目的选择上要从农业产业化经营的角度考虑，树立民生意识。

陈墨所学的专业是食品工程，在校期间就对微生物学十分感兴趣，有近2年的微生物学习和实验基础，并且他的微生物毕业设计实验获得优秀毕业论文。与胡建党谈到发展食用菌产业时引发了他们极大的兴趣。于是俩人几次自费到河北省正定县、灵寿县(我国北方最大的金针菇生产基地)进行实地调研。在调研期间两人还进行了工作分工，陈墨主要借助自身优势学习种植技术，胡建党主要负责调研市场。

经过调查，他们认识到食用菌是生产见效快、效益高的产业。食用菌的生产可以在农村的空闲房舍、山洞、房前屋后进行，种菜种瓜用的各种塑料棚、温室、阳畦等也都可以栽培食用菌。多数食用菌从播种至收获需30～90天，最短的草菇仅10天。农村分散小规模生产，就地销售的投入产出比多数在1∶1.5以上，最高者可达1∶10。而且食用菌适宜在农闲季节种植，可以提高农民的收入，是非常适宜的农业发展项目。

发展食用菌产业，还有其生态效益。利用农林各种废弃物和工业生活垃圾(如酒糟、秸秆、瓜秧和蔬菜垃圾等)作为原料，不仅降低成本，还可以净化环境，生产过程中无有害物质产出，副产品菇根、菇脚作饲料和有机肥，节约成本，改良土壤，减少化肥使用，提高了其他农产品的品质。

不仅如此，食用菌还有很好的社会效益，为消费者提供了优质的保健食品，增进健康；食用菌产业属于劳动密集型产业，可吸纳大量农村剩余劳动力，促进农村经济发展，促进农村社会安定和谐。

在农村工作实践中，他们达成一个共识：要想成为一名优秀村官，在新农村建设中作出自己的贡献，身体力行带头创业是一条非常有效的途径。搞出一个致富项目，做给村民看，带着村民干，帮着村民富。在经过详细的调查和准备后，他俩决定由共同由家庭赞助出资10多万元租下王场村10亩土地进行示范基地种植，并找到北京博纳伟业餐饮广告公司和红绳菌业为投资商和销售合作伙伴。

在创业过程中他们也遇到了很多困难，但他们感到这也正是增强能力的机会。只要有恒心、有毅力，坚持到底，就一定会有收获。在食用菌基地的建设过程中，有清理土地、建设大棚、购买设备、购买原料等许多复杂的工作。大到一个锅炉设备的购进，小到安装一个灯泡、一把锁。在将近3个月的建设过程中他们的清单上竟然有近400种物品的购入。而每一个物品的购买安装都需要他们具体去操作，有时候连续3天每天就只能休息3～5个小时。在创办合作社的时候从最初的合作社法律法规学习，到营业执照、机构代码证、税务登记证的办理，再到缴税手续和购买发票的办理。他们跑遍了工商局、国税局、地税局、银行、全程业务大厅。熟悉了办理一个经济运营组织的一整套手续的所有相关知识，并且增强了沟通能力和统筹规划能力。

作为大学生村官，农村的实践经验缺乏，创业资金的不足，都严重影响了创业项目的进度和成功率，在政府扶持资金和创业贷款的支持下，资金不足的问题缓解了，但是生产经验不足和缺乏相应的技术知识，就成了项目能否成功的关键，他们发挥自己具有基本的科技素养和接受能力强的特点，积极寻找专家教授指导，与专家教授联手确保项目的成功率。在项目进行当中，他们受到了多方面的支持。包括毕业母校在智力和设备上的支持，镇党委、镇政府在政策和资金上的支持，各级团委对青年创业培训和资金上的支持。这些都成为他们在创业时所具备的优势资源。

创业是艰苦的，但是，事在人为，只要认准这条路，就要一直坚持走下去。通过艰苦努力，终于建成了2个温室大棚，实现出菇并销售，还带动了部分农民就业。他们创建的“爱农星”的品牌，以爱农、支农、兴农为寓意，打造自己的品牌和市场。

通过村官创业实践，他们体会到：建设新农村，需要有一批懂管理、懂市场、懂品牌、懂可持续发展的人才。农业设施建起后，要有人管理生产使其成为集约化、科技化、市场化、绿色化的生产过程；要有人懂流通，建立一个完整的商品运输流通渠道；要有人懂得品牌经营，打造一个品牌，按照品牌的理念去经营；要有人懂得生态循环，生产安全绿色的食品并走向可持续发展的农业。而这些光有钱是不行的，还要有人才。光有经济效益不行，还要有社会效益和生态效益。他们体会到：农村是一个广阔的天地，需要各种人才来建设。作为大学生村官，有推卸不掉的责任，并且更是一个有所作为的好时机，应当把建设社会主义新农村、发展现代化高效农业这项事业当作自己的事业去做！把自己的理想价值与农村创业相结合、把在农村创业与带动农民增收致富相结合、把在农村创业与社会主义新农村建设相结合。

第三章 创业项目的选择与项目计划书的编写

对于大学生村官来说，要想创业成功，首先就是确定好创业项目。创业者在创业过程中，选择、分析、判断创业项目十分重要。一般来说，好的创业项目既要有发展前途，又要切合实际，还要实施路线清晰。

第一节 创业项目的选择

在农村创业一定要充分利用自身的行业和知识优势，只要把握了这一点，即使是选择常规的项目，也有可能取得突破。例如，四川农业大学的毕业生龙波大学毕业后回家乡养猪，迅速取得成功案例不仅说明了知识的重要性，更说明了运用知识，脚踏实地寻找属于自己的路，明确具有优势资源的创业项目对于创业成功的重要性。

龙波的家在四川新都区龙安镇海源村，他从小就被父母灌输“走出农村”的思想，这也曾是他努力读书为之奋斗的目标。但在考入四川农业大学后，一次偶然的经历让他慢慢改变了想法。

大一暑假，龙波带回学校研究的一种新饲料，经过试用效果挺好，短短1个月乡邻就买走了600包饲料，他从中获得了一定的经济效益。从大二起，龙波就成了该产品在新都区的总代理。在不影响学习的前提下，龙波最多时1个月能赚上千元。到毕业前夕，龙波的此项收入数以万计。

“农业的潜力真大呀，简单卖卖饲料都能赚钱。”尝试了经营饲料之后，龙波对未来的创业设计变得明晰了，决心毕业后到农村发展养猪事业。

2000年7月，龙波毕业后回到家乡，但父母对他养猪创业的想法强烈反对。直到2001年7月，女友王旭从四川农业大学毕业了，她的支持才为龙波的理想之舟撑起新的风帆。这对小恋人的执着终于赢得了父母的让步。

2002年10月，龙波开始在家中原有的猪圈基础上修建猪舍。从此，猪倌情侣苦心养猪。由于龙波和女友王旭都具有专业知识，他们一心想培育出一种肉质好、易于饲养的良种猪。经过努力，2004年，他们选育的“普兰克”猪诞生了。很快，猪倌情侣的名气伴随着他们的“普兰克”猪被抢购，在新都区不胫而走。随后，龙波通过加盟养猪场的形式，把事业的疆域不断扩展，目前已发展了9个加盟养猪场。

从2004年开始，龙波决定给“普兰克”猪注册商标。经过长达1年的申请努力，2005年4月12日，他收到了国家工商总局商标局颁发的证书。这意味着，龙波成为四川给猪申请商标的第一人，而“普兰克”的成功，也意味着龙波自己选育出的良种猪、自己创立的饲养标准终于拥有了一个受法律保护的品牌。而为猪注册商标，在全国都尚无先例。

龙波认为，在大学学习期间，他知道了知识产权保护。而在实践中，也进一步认识培育这种猪花费了很大的代价，要是没有商标保护，到时候别人都打这个招牌，可能会侵害自己的利益，要是质量没有保证也会损害消费者的利益，所以申请注册商标既保护自己也保护消费者。①

类似龙波这样的例子很多，如，暨南大学2005届工商管理专业本科毕业生张晓山，毕业后放弃了在城市工作每月挣4 000元的待遇，并且说服了女友放弃在深圳做文员的工作，一起回到了四

---

① 四川三农新闻网 2008.10.29

处是山的家乡五华县长布镇创业，白手起家办工厂，经营柿花（柿饼）加工。仅1年多时间就盈利十几万元。他采用“公司十基地十农户”的形式，发动群众大规模种植果合柿，全镇种植果合柿6 000多亩，收成柿果30万斤，制成柿花7.5万斤，农民从柿花中收入达300多万元。[①]

另据光明日报报道，华中农业大学1998届果树学专业的毕业生师智敏毕业时，放弃留在城里工作的机会，决定回乡创业。他将家门口的9亩水田承包下来，改建成水果品种实验基地。2004年底，在当地政府的支持下，师智敏又租下800亩荒山发展有机水果，并发起成立湖北咸宁市咸安区天人园艺有限公司。年收入几十万元。近5年来，他无偿培训农民2 000多人，向农民推广良种良法建园5 000多亩。他牵头组建了咸安区果业协会，为果农提供技术培训、防治病虫害、贮运销售等多项服务，带着大家闯市场。协会现已发展个人会员260人，会员经济收入每年提高50%以上。

从以上这些案例中，可以看出创业者选择投资项目的重要性。许多成功的创业者都认为：“选择了一个好项目就等于成功了一半”。成功的创业有赖于对创业项目的选择。正确的创业项目将为创业的发展和实现人生的理想奠定良好的基础。创业项目决定了创业的未来，选择项目就是选择方向。

选择创业项目是个理性的过程，在选择项目的时候，应该系统分析所选择投资项目的基础条件。投资者在选择投资项目之前需要具备一定的基础，这些基础既包括资金的基础，还包括其他方面的基础条件，只有综合考虑各方面的条件，才能增加成功的可能性。

---

① 梅州日报 2007.10.27

一、创业目标选择的总体策略

创业目标是指创业者在创业过程中努力争取达到的预期结果。创业目标要切合实际,又可以付诸实践。这是选择创业目标必须注意的两个问题。

创业目标切合实际主要是指如下3方面问题:首先,创业目标要适应社会实际需要。其次,创业目标要符合已经具备的和能够争取到的创业条件的实际情况。第三,创业目标与创业者的实际能力与志趣相适应。一旦在某个方面脱离实际,都可能使创业活动行为受挫,以致使创业目标落空。因为任何创业目标的实现,都是要有客观的、必需的先决条件,凭空设想、违背客观规律、夸大其词的创业目标,不仅难以指导创业实践,难以带来创业的成功,而且还会将创业引入歧途,造成巨大损失。这一点对新涉足创业领域的创业者,更应引起足够的注意。因为任何创业目标都要通过实践才能变成现实,否则充其量只能算是纸上谈兵。

创业目标主要是确定创业组织未来的发展方向,也就是回答干什么的问题。干什么是确立创业目标中首先要解决的问题。回答这一问题看似简单,其实是需要大量前期工作,并根据获得的信息和自身条件进行认真分析、比较后才能确定的。干什么是制定目标的逻辑起点,"点"选准了,创业就有了成功希望;如果"点"选得不够准确,创业活动就会走弯路,如果完全选错了,创业就会失败。因此确定"干什么",必须根据客观条件进行充分的论证分析,尽可能用科学的方法进行准确地判断。

明确了干什么,接着就要回答怎么干?因为解决了"干什么"的问题,只是明确了目标和方向,怎么干要解决的是"路"该怎么走的问题,也就是根据具体目标、系统的筹划、实施创业的具体措施、方法和步骤,只有创业目标,实施策略正确,措施得力,方法科学,组织严密、步骤恰当合理,创业才能有进展、有成效、有成功的前提保证。创业的结果大致可分为理想或不理想两类。理想中又可分为很理想、基本理想两个层次，在不理想中也有程度不同的区别。

总之，在对创业结果进行预测时，应将各种可能出现的创业结果考虑周全，同时要做好全面的心理准备和相应的对策；既要向好处努力，也要做最坏的打算。结果是通过可行性分析报告的详细论证得到的。如果论证的结果属不理想的范围，建议重新确定方案再进行可行性分析，而不能盲目行动。

创业目标的上述3个方面内容得到明确之后，所制订的创业目标具有以下作用：首先，明确了创业的目的性，针对性也更强。其次，能激励创业者克服困难，加倍努力实现目标。第三，用以衡量和检验创业行为的成效和进行状况。由于目标明确，对参与创业者有凝聚作用，使创业参与者齐心协力、为实现目标共同工作。

二、创业项目选择的总体原则

成功的创业有赖于对创业项目的选择。正确的创业项目将为创业的发展和实现人生的理想奠定良好的基础。选择创业项目是个理性的过程，在选择项目的时候，应该系统分析所选择投资项目的基础条件，才能增加成功的可能性。在项目选择的过程中，创业者主要应该考察如下几个方面的内容。

第一，要分析自身的资本数量是否足够投资。资本在马克思的政治经济学理论中被解释为可以带来剩余价值的货币。于是，就有人认为如果没有钱就不能投资创业。但是，随着时代的发展，现代的投资形式已经发生了变化，钱只是一方面，有知识有技术有头脑并被资本认可后也可以作为投资。再说就是有了钱，也永远都是有限的，这也就是为什么现代的投资项目总是和风险投资相伴而生的原因。如何用有限的资金去创造出无限的发展未来，才是创业成功的关键。有了钱还要有人，单凭一个人独打天下的成功率不大，人力资本的雄厚与否是创业是否能够成功的另一个关键。

第二,要分析创业投资环境。任何一个项目的投资都是在具体的环境中实施的,任何一个投资项目的实施都不可能脱离社会经济发展的大环境,与大环境相适应则会使创业者碰到的困难相对少些;如果与大环境不相适应,就有寸步难行的可能。例如,选择投资出口型产品的项目,则需要对国际经济发展状况格外关注:美国近年的经济发展速度开始放慢;日本近10年来一直没有摆脱以前泡沫经济的阴影;东南亚尽管已经初步度过了金融危机的难关,但是仍然没有有效地调整到位;非洲是地球上最后一个投资的乐园,但是原有的西方殖民经济的基础牢固。这些环境因素都将会对投资项目产生重要影响,事先都不可不详察。因此,必须要分析大环境以及周边环境的优劣,这个环境包括硬环境和软环境,既包括天然的也包括人为的环境。政府的政策、政府机构的办事效率、土地、气象、水电、劳动力等因素都属于投资环境要考虑的问题。例如,尽管有西部大开发的背景,人们仍然会发现西部某些省(自治区)政府工作人员的办事效率会让投资者望而却步。再有就是当地的历史、古迹和民俗民风文化。临潼的农民现在都会说几句英语,卖的也是农村的手工工艺品和户县农民画,传统文化在几千年后还能给当地的农民创造就业机会。山西本有丰富的人文资源,但是多数山西人只会挖煤,大同的佛像上沉积了大量的煤灰,因而对游客吸引也会大打折扣。

第三,要分析技术与市场供求情况。大多数的现代投资项目都要涉及技术能力的问题,小到开个大排档,大到投资一座工厂,都需要有技术基础作为后盾。至于高科技的项目,技术基础几乎是一个项目的生命。投资是为了资本的增值,增值是由市场的供求关系实现的。为了资本的增值投资者必须在确定投资项目时考虑并调查市场的供求情况,并正确估计未来的走势。总之,市场分析是确定投资项目的最主要的依据。

最后,要分析与创业项目相关的公共关系。有位作家曾经说过:一个人事业的成功需要3个要素,一是忍耐;二是公共关系;三是机遇。选择创业投资项目同样需要这3个要素,其中公共关系就是其一,没有良好的公共关系,投资人将处处碰壁,不但很少得到社会的支持和帮助,甚至处处受到排斥和打击。有人的地方就有人情,人情既是一种俗不可耐的存在,又是一种亲切可爱的寄托。

在具体的项目选择过程中,需要遵守以下原则。

(一)社会需求原则

社会是创业的大舞台,要想在这个舞台上争得创业的一席之地,就必须适应社会环境,使创业目标与社会需求保持一致,把自己的创业要求与社会需要结合起来,急社会需求之急,供社会发展之需,才会得到社会的认同和支持。社会需求不仅是社会生活正常运转所必需的、显而易见的行业,也包括隐蔽的较少有人问津的行业、经过预测客观可以接受的行业和未来发展将产生的新的不可或缺的行业。

创业不同于求职,不是依靠现存的条件维持职业生涯,而是实现自主择业,自负盈亏,自求发展,是从没有路的地方"铺造自己的路"。一般说来,社会需求的行业,大都是朝阳行业,具有光辉的前景。在这些行业中有更多的成功机会。但是人心之所向,也就必然有激烈的竞争,要靠自己的实力去赢得一席之地。如果没有足够的把握,也可避开激烈的竞争,选择尚未饱和、有足够发展空间的行业或较少有人问津但仍有利可图的行业。要经过周密思考和创新规划寻求新的立足点,开辟有前途的新行业,切忌涉入那些"夕阳行业",因为,这些缺乏生命力的行业必将被社会淘汰。

例如,江苏省宿迁市峰山村的大学生村官秦树峰,在350亩林果地里成功套种当地人从来没见过的杭白菊,亩纯收益达到2 500元以上。受到农民的称赞。

总之,创业需要以符合时代需要的全新理念,摒弃世俗观念,紧密联系社会需求，力争在社会发展的大舞台上一展身手，以求大有作为。

(二)扬长避短原则

"尺有所短，寸有所长"，个人条件不同，也没有一成不变的规则。但是能审时度势，扬长避短，是创业的一剂良方。

不同行业的性质特点不同，对创业者的能力要求也不同，创业所需的物质条件也有较大差异。创业者不可能全知全能，精于此也会疏于彼。有些行业不仅需要广博的知识，技术储备，也需要充裕的人力、物力、资金的支持。因此，创业者在选择创业目标时，必须认真地审视自己的能力倾向和优势所在，力求与目标的客观需求相匹配。否则，舍长就短，准备不足，头脑发热或考虑不周都会使创业半途而废。要在创业目标选择中实现扬长避短就应以熟悉和适合的领域作为项目选择的切入点。

熟悉，就是选择自己熟悉的行业，这几乎是每个成功创业者所崇尚的信条。从起步创业到最终成功，决定性的因素，不在于你的机会、运气、资金、专业理论，而在于你是否全面掌握和精通这一行业的基本情况和实务知识。熟悉并不是肤浅的了解，而是对行业的基本情况了如指掌：如产品的生产流通周期、市场的竞争趋势与销量等，熟能生巧，选择这样的行业可以"知己知彼"，不受制于人，立足于不败之地；又可以驾轻就熟，节省学习、探索的时间。企业如果能在创业之初迅速步入正轨，就意味着成功一半。反之，如果对行业不了解，"盲人骑瞎马"，很容易走入误区，甚至陷入绝境。即使是没有受到大的阻碍，因为是慢慢地熟悉，难免会走弯路，浪费时间。

时间就是金钱，是企业的生命，缓慢的创业速度，在竞争中就会因丧失机会而处于不利地位。因此，熟悉是选择创业目标的首要条件。

尽管每一个行业都有出类拔萃的人物，但不意味每个人都可以适应各种行业，干什么都会干好。创业者自身的性格、兴趣、经验、学识、能力、财力和社会关系都是很有限的，因此适合创业者的行业也是有限的。在选择创业项目时除去要考虑社会需求、个人熟悉的原则，还要考虑要从事的行业应当与个人的条件相适应，也就是遵从"适者生存"的原则，寻求适合自己的个性素质、才能的创业项目，充分发挥个人的潜力，促进事业的发展。具体说，应避开以下几个行业。

1. 需要多种经验的行业 任何企业都有多种性质的部门，但许多部门管理都有其共性，如财务、物资、人事管理等。这里所说的多种经验是指创业涉及的相关领域知识及创业者必须具有相关经验。例如，产品的进出口贸易问题，可能涉及产品生产与质量、国际贸易、国外市场准入与开发等多项经验；如果初始创业又不熟悉，很容易走弯路。

2. 需要多种技能的行业 创业者不具备相关的技能，很容易出问题，给企业经营带来困难。而掌握这些技能则需要大量的时间和金钱，也会加大创业的成本和风险。如汽车、精密仪器等行业，都不太适于在缺乏技能的条件下创业。

3. 需要大量资金投入的行业 这种行业虽然能产生很大的经济效益，但也存在着极大的风险。创业之初，尚无雄厚的资金和相关的经营背景，创业者很难具备资本的运作能力和心理承受能力，最好从小处做起以规避风险。

4. 资金回收期长的行业 创业之初，经常会遇到资金短缺的问题。周转资金不足是新创办企业的共性。资金回收期过长，等到收回经营效益时，可能超过了企业能够生存的时间，结果将不堪设想。

5. 需要马上偿付成本费用的行业 企业经常需要资金周转，也存在一定的周期。创业之初，需要投入的环节多，而资本较少，很少的闲余资金，如果还要偿付成本费用，无疑是"雪上加霜"，使企业举步维艰。

第二节　创业项目选择的策略

创业者要使创业活动顺利进行，在选择创业项目时，可以采取如下策略。

第一，拓宽创业选择项目的渠道，选择具有独特资源优势的项目。创业者一般可以从互联网、图书馆、电话号码黄页、财经图书、贸易出版物、朋友和熟人、竞争对手、投资贸易洽谈会、展览会、博览会、工商协会、研究机构、专利部门、经销商和批发商、政府有关部门、房地产经纪人等渠道获得项目信息。

另外，从竞争对手、与一些企业家接触受到启发、旅游考察、小企业管理课程和创业讲座得到独一无二的项目信息，也可通过从改进现有产品和服务、客户抱怨中进一步获得原创性的思路。在拓宽创业选择项目的渠道基础上，创业者要综合分析收集到的信息，发掘自己身边特有的资源进行投资开发，这样往往容易成功。

2007 年 7 月，大学生陈秀来到江苏省宿迁市宿城区耿车镇三义村任党支部副书记。这个在 20 世纪 80 年代因著名的“耿车模式”而引起经济界关注的苏北小镇，当时大多数企业仍从事废旧塑料粗加工，不仅产品附加值不高，还对环境造成了污染。经过一段时间的调研，陈秀决定开始自己的创业之路。他利用村里的塑料优势，筹资 20 万元创办新盛塑料制品厂，进行污染比较小的塑料颗粒生产，又投入 20 万元进行附加值比较高的成品乳胶漆桶的生产，预计年销售额可达 500 万元，同时还吸纳了本村 20 多名劳动力就业，迈出了带领群众创业致富的第一步。

第二，运用正确和先进的项目理念，要选择自己熟悉并且有良好发展前景的项目。创业者所选择的创业项目要尽量与自己过去的从业经验、技能、特长和兴趣爱好相吻合，越吻合则越有内在和持久的动力,成功可能性越大。选择项目的眼界着眼宏观是大机会、中观是中机会、微观是小机会。在行业景气时不要盲目跟风,进入热门生意的不见得人人赚钱,走点冷门可能反而好做,要记住“只有不景气的行业,没有不景气的企业”。产品的市场支持力、市场容量及自身接受能力对创业者来说至关重要,要多考察当地市场,看看所选项目是否在当地有需求及靠自己的能力是否可以进入市场等。

北京郊区有一位农民企业家,10 多年前就开始搞人造石雕塑,经过艰苦的探索,他所创办的企业成为带动当地农民就业增收的龙头企业,他的雕塑制品进入了国家大剧院。

第三,要努力选择目标市场非常明确并且有独特新意的项目。对投资在几万或者十几万的小项目,不宜选择革命性或者全新的项目,因为这样做市场推广的难度非常大,风险非常高。事实上华人企业家大都在项目上进行国际水平跟踪性、局部性的改良。小生意最好把现有各个领域先进性的东西组合到自己的项目中来,走“组合创新”的道路。要选择目标市场非常明确的创业项目就要针对某个特定消费群体,进行市场调研,投其所好,乘“需”而入,推出新产品或服务项目,往往能领先一步占领市场。

有一位女大学生,喜欢漂亮的小饰物,她想开一个可以自己动手做首饰的店,既可降低价格,又可完全按自己的心意制作。于是,她在最繁华的商业区找了一间仅 10 平方米的门面,室内装修追求朴实无华,贴近大众,同时又与众不同。太豪华的店会吓走一部分囊中羞涩的女孩,而装修从简,既节省了费用,又争取了顾客。目标群体是爱美的女子,年龄从十五六岁至四十岁不等。这个年龄的女子推崇时尚,都不愿模仿别人,她们的理论是不求华贵,但求个性。自己动手比到精品店买饰物成品要便宜得多,这对一部分尚无经济来源的少女很有吸引力。在选材上,以水晶为主,不仅美丽,而且具有药用价值。他们兼营其他天然宝石饰品,另外还有合成材料和银制品,全都用手工将饰珠串成耳环、项链、手链、足链等饰物,创业伊始便取得了良好的业绩。

最后,要在拥有大量创业项目信息时,大胆舍弃一些项目,选择最适合自己的项目。一般主要根据项目是否符合个人兴趣、投资额、投资回报水平、行业前景与市场潜力大小、经营场所要求、市场准入、需要的员工技能、需要的人际关系资源、上下游业务渠道控制能力确定。

选准项目,就可以使创业者避开陷阱,稳中求胜。因此,选择创业项目不能毕其功于一役,不能操之过急。应该用理性态度,用足够的时间进行分析判断,在此基础上,再做出选择,这样才可以找到能够经营几年甚至毕生经营的项目。

第三节 创业项目选择的典型方法

一、借势共荣

同行业之间虽然充满竞争,但也能相生共荣,共同发展。这实际上并不矛盾,恰好说明行业的发展符合事物的发展规律。常有一种现象,企业单独处于市场一隅,生意并不因为没有竞争对手而兴旺发达,倒是同行业挤到一个市场,生意反倒红火起来,这就是行业的共荣性。同时,由于共荣造就了优势,诸如“服装一条街”,“建材市场”,只要公平竞争,保持自己的实力,就会求得发展。如今,面临世界性的市场竞争趋势,行业协会也就应运而生,其优势在于可以集中优势和群体力量参与更大范围的市场竞争。如果有适合条件,选择这种行业倒可以搭车运行,谋求共同发展。

1984 年,山东寿光的蔬菜流通发生了革命性变革。当时的寿光政府做出建市场、抓流通、带生产的决定,建立了寿光蔬菜批发市场。此后,先后 10 多次对市场进行改造和扩建,建成了国内第一家农产品电子拍卖中心和物流配送中心，依托这个市场的小企业达到近百家，年成交蔬菜40亿公斤，年交易额56亿元，成为“买全国、卖全国”的蔬菜集散中心、信息交流中心和价格形成中心。目前的寿光，以蔬菜产业领跑，靠科学助力，靠产业化经营提升，实现了农业快速增效，农民快速增收，打破了农业不能富民的定式。2007年，寿光农民人均纯收入6 619元，比全国农民人均纯收入多出2 479元。

二、反季节生产

海南省崖县的农民孙会照，1982年开始养鸭，每只都养到6～7斤以上才出售，结果因鸭大而滞销，顾客嫌一次性花钱太多不想买。孙会照反向经营，变大为小，把鸭养到2～4斤就上市，滞销变畅销。

通常情况下，人们的思路是鸭养得越大越能赚钱，如果滞销了，只会怪顾客中吃鸭的人少了。而孙会照不仅细细琢磨顾客的心理，还来个逆向思维，巧妙地解决了这个问题。

后来，孙会照又从市场供需中得到启示，每年鸭上市，都集中在夏秋两个季节，这时鸭旺价贱，旺季一过，价格回升。能不能反季节养鸭呢？于是，他通过大胆实践，饲养的鸭在淡季上市，从中获得较高的效益。

孙会照所使用的方法叫时差反弹，与季节相反，推出产品。目前在北方比较流行的反季节蔬菜种植也是典型的顺序反向。物以稀为贵，反向经营反而得大利，这就是事物变化的辩证法。

三、错位竞争

著名爱国人士、华侨实业家陈嘉庚先生在同外资企业的竞争中就采取战国时期大商人白圭的“人弃我取，人取我予”的经营方法。他在新加坡经营实业时借了7万元作为资本，开办了一家菠萝罐头厂。当时该地有十几家菠萝罐头厂，这些厂的做法都是把菠萝切割成方形、圆形或菱形的小块，称为方桩、圆桩或旗桩，而不愿意加工称为杂桩的、切割成各种花形小块的产品，因为其费工大、成本也高。陈嘉庚却一开始就决定做杂桩，他经常主动拜访各洋行，把各种杂桩的订货都接下来，认真加工制作，结果他的菠萝罐头厂的利润比其他同类厂都高，1 年就赢利 69 万元。这种成就，使许多人士大惑不解。当人们问陈嘉庚最初的决策依据时，他回答了 8 个字："人弃我取，人争我避。"

同行是冤家，冤家必然有矛盾，矛盾激化就必然产生竞争。错位竞争的优势在于，不会与同行在同类产品或项目选择中耗费太多的经历，即便选择相似的行业也在具体的项目形成差异，这样就会在竞争中领先。

四、关联生产

行业之间在许多情况下是相互作用的。一个产业的发展，往往会带动一个行业的发展；同样，一个行业的没落，也会导致另一批产业的破产。关联企业的发展，往往相差一个节拍，看准机会，是选择行业的诀窍。农村创业也是这样，例如，在蔬菜生产相对集中的地区，如果大家都投身于种植蔬菜，创业者把物流运输和农资销售等项目作为自己的落脚点就是一种很好的选择。

第四节　影响创业者对创业项目选择的主要因素

如何选择到适合自己发展和容易成功的项目呢？根据是什么？由什么来决定要选择创业项目的类别？这些决定不仅与客观条件相关，而且与创业者的性格、专长、实力、环境关系十分重大。因此，创业者在选择创业项目时要充分考虑下面的因素。

一、性　格

创业者要在充分分析自身性格基础上选择创业项目。心理学的研究表明,人的性格决定着人的未来。如果创业者的性格是急躁型的,并且短时间修正不了的话,适合做贸易型的项目。千万不能选择生产型的项目,因为生产型的项目需要很长时间的市场适应期,需要具有坚强的耐力,需要在市场上锻炼,需要一个市场对创业者品牌的认知过程。

为了确保项目的生存和可持续发展,需要不断地扩大创业者的规模,创业者可能等不了那么长得令人难以忍受的折磨,一旦创业者撑不住的时候,创业者的设备、半成品就一文不值了(贸易型的项目就好多了,顶多卖不了退货罢了),创业者必然陷入累累纠纷的泥潭之中了;也不能选择娱乐服务型的项目,因为现在的客户是越来越挑剔了,有时候刁钻的客人会让创业者暴跳如雷,那创业者的客户将越来越少,最终的结果必然是关门大吉。以上两类项目适合温柔耐力型的性格。当然,创业者如果有合伙人,你们的性格能够互补也是可以选择自己性格不允许的项目的;反之,千万不要冒险。

二、特　长

创业者要在充分分析自身特长基础上选择创业项目。创业者的专业、特长、才智、阅历是创业者选择项目的主要根据。创业者的专业和特长,是创业者选择新项目的根本,原则是“做熟不做生”,这有利于创业者一开始就进入娴熟的工作状态,使创业者的初始创业成功率高出很多。

如果创业者具备较高的才智和较丰富的阅历,确认自己能力非凡,哪怕缺乏相关的专业知识,在选择初创项目时,也不一定要选择自己熟悉的领域。因为创业者会在短期内就会熟悉那个行业的，这样的成功案例也很多。通常不主张一个人抛弃自己的专业特长来选项，因为具备专业特长且不失才智和阅历的人比比皆是，他们在业内才是真正的成功者。

三、实 力

创业者要在充分分析自身实力基础上选择创业项目。所谓实力就是指创业者的资源能力。主要包括：资金规模、后续融资渠道等，它是决定创业者初创企业规模和后续发展能力的重要支柱，是企业经营的主线。一个生产型企业一般投资都比较大，如果有10万元的创业计划资金，那么创业者最好后面还有两倍于这个资金数量的储备(包括可融资储备)。否则，创业者在经营几个月后，必然处于资金紧张、周转不灵的尴尬境地，被动局面也就可想而知了。创业者的预算一定不能可钉可铆，要做到绰绰有余，防患于未然。否则，就有很多苦恼，如果融资效果不佳，也可能有中途夭折的危险。无论是生产型还是贸易型的项目，都可能积压很多不能直接变现的东西。例如，原材料积压、库存、半成品、下游经销商积压等。所以，创业者的预算要多打少算。

四、环 境

创业者要在充分分析自身所处的环境基础上选择创业项目。创业者所处的环境是决定创业者的项目成功与否的外在因素，就是所谓的“地利”，主要包括政策优惠与否、场所的优劣、人际关系的好坏等，是创业者成功创业重要的外在条件。优惠的税收政策，使创业者减少了创业成本。适合的场所使创业者如鱼得水，不仅可以满足生产所需，而且可以人气大增。良好的人际关系，使创业者的创业左右逢源。

第五节　创业项目选择的取向与可行性分析

很多人创业目标是相似的，能达到目标选择的行业却各不相同。对于创业者来说，行业是创业的出发点，也是最终的归宿，途径是创业的突破口，组织则是创业的基本结构，而价值取向，则是创业的指导思想，成功的创业者，就是以价值取向为前提，恰当地选择创业行业，以实现自己的创业理想。

一、创业者的价值取向

创业最终的目的是创造社会价值和个人价值，由于个人目的的差异性，价值取向也各不相同。价值取向实际上是创业的动因问题，创业者追求的是什么、为什么去创业将直接影响着创业目标的选择。

(一)追求成就感

创业者大都有干一番事业的雄心壮志，在追求事业的过程中，每一点成绩都会带来意想不到的快乐、心灵的安慰和满足。个人价值的实现、创业的业绩、社会的肯定都会造就一种成就感，成就感同时又衍生出对自己事业与能力的满足和自豪，从而也就进一步激发了创业的内在动力和决心。拥有这种价值取向的创业者一般选择具有挑战性的行业和投资小、见效快的行业。

(二)追求财富

“金钱不是万能的，但没有钱是万万不能的”，财富的追求是推动人们创业的一个最基本原动力。财富不仅可以使创业者物质生活得以保证，也可以使生活质量得到提高。有了钱也可以回报社会(如投入到慈善事业和社会公益事业等)，同时，财富在一定意义上也是一个人的价值和能力的标尺。

李嘉诚创业之初就是受到追求财富欲望的驱动，但创业后又致力于发展中国教育事业和科研事业，回报社会。不少下岗人员，也是从小行当做出了大事业，不仅生活富足了，也缓解了社会压力。

追求财富，应尽可能视具体情况从事投资小、见效快的行业，坚持发展，做大做强。值得注意的是有些人为了追求财富，见利忘义，置环境和国法于不顾，掠夺式创业甚至弄虚作假，虽然取得一时的利益，但终归会被社会所淘汰。

(三)追求社会责任感

创业者一般都会具有强烈的使命感和责任感，有一种创业的激情，一旦进入时代的潮流，获得建功立业的机会，就会义无反顾地投身到改革开放发展经济的大潮中，去实现自己的理想。中华民族的古训是“达到兼济天下，穷则独善其身”。很多人树立了“修身齐家治国平天下”的宏伟目标，担负起“天下兴亡，匹夫有责”的重任，或者“先天下之忧而忧，后天下之乐而乐”的情怀。投身创业的洪流，他们把社会责任放在首位，到西北、到草原、到农村去建功立业。这些人的创业目标，多是社会最需要和最艰苦的行业，如“西北大造林”、“扶贫创业”等。

(四)追求兴趣的发展

兴趣最能激发起一个人对一种事业的热爱，因此也成为一种创业的原动力。李阳的“疯狂英语”遍及大江南北，影响涉及欧美，当有人问起其创业热情是什么，他的回答是“我的兴趣在这里”。

创业的价值取向并不是孤立的，也不是相互排斥的。各种价值取向相辅相成地结合在一起，成为创业持续的强大动力。在创业的原始冲动期，动因相对较多地表现为对财富的追求，但财富的追求决不是创业的终极价值。随着创业的逐步成功，其他的价值取向也随之突显出来，并逐渐取得重要位置。当财富对创业者个人已完全不成为一个问题时，社会责任感等其他价值就会取代对财富的追求，成为创业的最主要动力。

二、创业的行业可行性比较

确立行业是创业的第一步，事关创业大局。俗语说“男怕入错行，女怕嫁错郎”，行入对了就会得心应手，一帆风顺；行入错了，起码要经过一段曲折的熟悉、深入的过程，甚至劳而无功，白白辛苦一场。所以，聪明的创业者在创业之初就要结合自己的价值取向、能力和客观现状对当今的社会的行业特点、利弊做客观地了解和分析，恰当地选择最适合的行业，确定创业目标。同时也可避免误入歧途，造成不应有的人生损失。

行业是社会分工的产物。随着时代的进步和科学的发展，社会分工日趋细化，行业种类繁多，并根据社会需求，不断有新的行业产生。据统计资料表明，现行行业有 1 400 余种。按我国现行分类方法，国民经济行业划分 16 个门类，93 个大类，368 小类。行业虽然繁多，但基本行业却只有三大类：即生产行业、销售行业和服务行业。现今所有行业都是在这三大行业的范围内发展起来的。因此，创业者在确立创业的行业时，要分析如下问题。

(一)行业的特点

同世界上任何事物一样，行业一经产生便具有自身独有的特性，创业者要选择行业，就必须对行业的特点有所了解和认识。

1. 竞争性 竞争性是行业与生俱来的特点。同行是冤家，冤家必然有矛盾，矛盾激化就必然产生竞争。自然与社会都是遵循在矛盾中产生、在矛盾中发展、也在矛盾中消亡的规律，这一规律对行业竞争也不例外。因此，竞争是企业生存的保证，也是行业发展的依据和动力。行业越是进步，竞争也就越趋激烈，这是不以人的意志为转移的客观规律。

选择行业不要惧怕竞争，只要有上升空间，有实力，有意志，有创新手段和制胜把握，在竞争中仍会赢得发展。否则，如果一个行业没有竞争，那么只说明这一行业已走到了尽头，选择这种行业就意味着选择了失败。

2. 共荣性　同行业之间虽然充满竞争，但也能相生共荣，共同发展。这实际上并不矛盾，恰好说明行业的发展符合事物的发展规律。

3. 关联性　行业之间在许多情况下是相互作用的。一个产业的发展，往往会带动另一个行业的发展。同样，一个行业的没落，也会导致另一批产业的破产。关联企业的发展，往往相差一个节拍，看准机会，是选择行业的诀窍。例如，房地产的大量开发，也带来了建材、物业等行业的兴旺。

4. 替代性　行业的发展并不是同步的。此消彼长，此起彼伏。一个行业兴起，则会引起另一行业的萧条；这一行业没落，也就预示着另一行业的崛起。电视业的兴起，使电影业失去了昔日的盛况。江河的污染，海产品的衰退，促进了水产品养殖业的兴旺。创业者应当高瞻远瞩，不放弃每一次选择行业的机会。

5. 时代性　行业作为一个社会生长体，是适应社会需求而产生的，是时代发展的产物，行业要与时俱进，不断地创新图强，否则就会被社会发展所淘汰，许多夕阳行业的出现就是有力的证明。作为一个创业者，应具有发展的眼光，紧跟时代的步伐，走自己的路，选择蓬勃向上、充满生机的朝阳行业，如软件行业、新能源行业、新材料行业、有机农业等。

（二）典型行业分析

行业是创业者的温床，为创业者提供了广泛的创业机会。下面对典型行业特点进行分析。

1. 生产行业　生产行业是指生产原（材）料或把原材料制成另外一种形式的物品后再出售的行业。它包括了从自然界直接获取最基本生活消费品或原材料的物质生产部门，如农、林、畜牧、养殖、渔业和采矿业等，也包括对原材料进行加工的物质生产部门，如制造业、加工业、冶金业、建筑业等。

生产行业是其他行业的基础，离开了生产行业的劳动，消费行业和服务行业便成了无源之水，无本之木。对于从自然界直接获取的生产行业，目前仍属于劳动密集型产业，和自然资源结合紧密，相对科技含量较低，投资（除矿业）也相对较少。选择这种行业，除根据基本原则外，最重要的是要有自然资源为前提条件。加工制造业生产部门的特点是科技含量高，投资大，回收期也相对较长，如果有先进的技术支持是比较稳定的行业（但必须与市场相结合）。

比较热门的行业有电子、生物技术、智能产业、超导体、新能源、新材料、智能产业、生物医药等。汽车、服装、食品等民需产品的生产业，以及机器制造等基础行业都有较多的创业机会。

2. 销售行业 销售行业也称商业，是专门从事商品流通的经济部门，有批发、零售两大类，服务于生产和社会的物质文化生活。销售行业是社会财富的调剂者，是生产与销售之间，工业与农业之间，城乡之间，地区之间，乃至国际经济联系的纽带。离开销售行业，生产与消费之间便无法联系，造成经济社会混乱，生产与服务行业也会彼此孤立而停止运转。商业是随产品交换的历史同时产生的不可缺少的经济行业，也是永远具有创业空间的行业。随着世界经济的发展，虽然产生了许多新的销售形式和规则，但基本的运作规律还是相对稳定的。投资可大可小，回收期比较快捷，适合初次作为首选行业。但是商业也是竞争最为激烈、起伏相对较大的行业。

3. 服务行业 服务行业是指以提供服务为主要特征的行业。这一行业门类繁多，有直接为人们生活服务的行业（旅游业、饭店业、房地产、管理业等），也有为社会生产服务的行业（交通运输、邮电通讯业、金融保险业、广告业、信息服务业、中介业、法律服务业等）。科学、文化、教育和卫生等事业部门也属于服务业的重要部门。服务行业是建立在科学技术进步和生产销售行业劳动生产率提高基础上的，是经济发展、人民生活富裕的象征。离开服务行业的劳动，生产行业和销售行业将同时受到限制。

在经济发达的社会中，服务行业的业务范围在不断地扩大，服务范围、从业人员都在大幅度增加。一些服务行业投资较小，科技含量也较低，也是初次创业首选的行业之一。

三、创业途径的差异比较

创业是人生经历中最重要也是最慎重的抉择，对于首次创业者，尽管具有广博的知识，但即将面对仍是一个完全陌生的领域，创业的路在何方？创业的前景如何？都是一个未知数。为了尽可能地回避风险，少走弯路，取得收益，创业者就必须选择一条适合自己的创业途径。创业途径是一条探索之路，学习之路，也是一个不断积累的过程。对于创业者必须有卧薪尝胆的精神，百折不挠的勇气和虚心好学的品德。充分发挥自己的潜能，博采众家之长，不断摸索积累，认真实践体验，逐步提高水平，认识社会，适应社会，最终找到事业发展的落脚点。

下面介绍几种一般的创业途径，供创业者参考。

(一)特许经营

一般认为特许经营是介于完全独立的企业和受雇于人之间的一种经营方式。特许经营理念最早可以追溯到中世纪，现代意义上的特许经营起源于美国。在我国特许经营属于改革开放以来的新的经营模式。特许经营的英文原意是 Franchising，美国国际特许经营协会把特许经营定义为："特许经营是特许人和受许人之间的契约关系，对受许人经营的领域，特许人提供经营诀窍和培训，特许人有义务保持持续的兴趣；受许人的经营是在由特许人所有和控制下的一个共同标记、经营模式和过程进行的，并且受许人用自己的资源对其业务进行投资。特许经营具有如下基本特征：

①个人对商标、服务标志、独特概念、专利、商业秘密、经营诀

窍的所有权。

②权利所有者授权其他人使用上述权利。

③在合同中包含一些调整和控制条款，以指导受许可人的经营活动。

④受许可人需要支付权利使用费和其他费用。

1. 特许经营的形式与类型

(1)分销　分销是对某一特定产品的销售。分销关系双方在法律上相互独立，财务自主，是买主与卖主的关系，与一般买主和卖主不同的是要保持一定的代销产品库存。在商店的布置上对特许人的产品和服务有所反映；而特许人将授予分销商在一定区域的专售权，给予广告、促销、甚至人员培训等方面的支持。

(2)制订许可证　制订许可证是针对某一特定产品在某一地区、一定时期内的生产权限。这些产品受到专利法保护，或者有专门的生产技术机密，许可证接受方通过交纳许可费获得有关技术机密和产品商标的使用权。这种关系中虽然特许授予方和授予方相互独立，但特许授予方对接受方都有严格的要求，如质量要求及商标、生产、营销、保密等方面的要求。

(3)名人名字使用权　如皮尔·卡丹服装的冠名权，李宁运动产品系列等，通过知名人士信誉增加产品的吸引力，提高产品的可信度等，这些都是通过合理的费用取得的。

(4)商标　允许使用商标也成为一种特许经营模式。著名商标(如可口可乐、耐克、微软等)著名商标往往是著名公司数十年精心经营的结果，代表了质量和信誉，商标本身具有巨大商业价值。受许方需要支付费用(往往费用很高)获得使用权，从中获得无形价值。

(5)经营模式　特许授予方统一设计企业经营模式，包括商品和所提供服务的内容与性质，商品质量与价格，甚至包括店址、规模以及店内布置等。授予方还向接受方提供培训及后援支持，如会计系统、广告计划、人员招聘及选拔咨询等。这种方式能为消费者带来的便利包括一致性和可预见性，能够期望在不同特许经营店得到相同的服务，这也是特许经营模式获得巨大发展的重要原因。其弱点是缺乏个性，缺少变通的可能。

采用特许经营模式可以获得特许人提供的经营模式、人员培训、商品与服务规范及后续的支援和协助（必要的服务、广告、宣传、促销活动等），得益于特许人的良好商誉。又可以从法律上相对独立，自由处理业务。当然获得特许授权及其服务是要交纳首期特许费和年金的。麦当劳就是比较典型的特许经营模式。

一般特许经营根据企业业务性质，还包括以下几种类型：制造商与批发商之间，制造商与零售商之间，批发商与零售商之间等。

2. 特许经营应注意的问题　特许经营在一些行业中比较活跃，而在另一些行业中成功的可能性较小。根据美国 20 世纪 90 年代初的统计资料表明，几乎所有的零售业和服务业都有特许经营。在美国，特许经营的主要行业是餐饮业，1991 年这一行业出现了近 40%的新从业者。另外还包括：旅店和汽车旅馆，汽车用品和服务，商业服务，休闲与旅游，印刷影印，招牌服务，人力资源开发，家庭服务，教育用品和服务，机器设备租赁，房地产中介和其他服务业。

我国进入市场经济时间较短，有些情况也不一样，但从行业角度，美国的资料还是值得参考的，麦当劳的成功例证也提供了佐证。作为创业者，如果在我国试办特许经营企业或加盟特许经营企业，选择有利行业也是至关重要的。应当提醒的是，要注意特许经营中的欺骗与陷阱。这个问题在我国的商业实践中是个很严重的问题。有些企业在报纸上登了大量广告，进行特许经营招商，实际上是个欺骗的陷阱，他们希望通过广告轰炸迅速扩大市场。另外，一些企业欺骗目的更明显，他们主要目的是获得首期特许费，并以昂贵的价格向受许人强制销售设备与产品。

因此，创业者首先要对特许授权人及其特许项目进行认真详细的考察，在确定可信度与可行性之后，对项目进行经济评估，对特许授权人素质及其项目实质性判断后再做决策。在签订特许协议进行合作之前，还要对协议（合同）内容条款进行仔细推敲，对后续服务、指导和培训条款及实际可行性进行认真研究，当一切确定无误后再签订协议，并对协议进行公证，取得法律效力，以确保万无一失。

对于创业者来说，如果具备条件，无论作为特许经营的特许授权人还是受许人都是有一定优越性和吸引力的。特别是作为已为社会公认的特许经营项目，具有投资小、规范性经营和良好的形象，及指导培训等服务，可使在初始经营中少走弯路，因此也就减少了失败的可能性。

（二）承包经营

承包经营是在企业所有权不变的情况下，实行所有权与经营权分离，企业所有者自愿以承包合同形式在一定期限内将企业经营权转包给承包人，由承包人自主经营、自负盈亏的一种经营形式，合同中必须清晰表明企业所有者与承包人关于企业的责权利关系。这是大学生村官创业的一条新途径。

创业者在明确创业目标而又资金短缺的情况下，为实现自主经营，承包企业不失为一条可行的创业途径。大到一个企业，小到一个养殖场、果园、鱼塘等，尽可作为实战的平台，进取的阶梯。

1. 承包的意义

第一，在资金短缺的情况下，创业者可以用相对少量的资金获得实现创业的目的。创业者可以在实践中得到锻炼，全面提高经营管理能力。在合同期限和规定的权限范围内，自主经营，自负盈亏，利用自主的权力经营管理，开拓市场，利用人际协同关系，并通过经营实战锻炼自己的能力。

第二，在实践经营中，不断学习总结积累经验，同时也对所犯错误进行认真分析，使自己创业时少走弯路，少犯错误（不会再犯同类的错误）。

第三，可以获得提前建立行业关系的机会。在承包经营中和多种行业、部门、消费者建立业务关系，为自己创业疏通渠道，铺平道路，锻炼协调能力，也为创业积累无形资本。

第四，承包也是一个原始积累的过程，可以在完成承包应缴费用后，获得剩余利润。只要经营得好，比打工的收入要高出很多，很容易为创业增加资金储备。

2. 承包的利弊分析　承包经营创业者，可以不用自己投入资金，避免了个人风险，为自己找到一个施展才能的平台，完成企业管理者全部实践过程，这对创业者是有利的一面。但是，创业者也需要有一定的成就表现，取信于企业所有者才能获得经营权；承包过程中，要完成承包任务也决非易事，要克服重重困难，而收益要被所有者收去大部分，同时还要承担完成指标的风险。

3. 承包要注意的主要问题

第一，所有方提供的条件（场地、设备、人员）必须能满足承包人基本的经营需求（符合行规条件）。

第二，承包人要有一定的产品销售渠道和基本经营手段，比较熟悉整个生产过程、技术关键、市场状况和各个经营关节，对承包任务要做到心中有数。

第三，承包人要与所有者签订双方责、权、利分明的有效承包合同，以免日后产生纠纷。

（三）租赁经营

租赁业是在企业所有权不变情况下，实行所有权与经营权分离的经营方式，与承包不同的是租赁两权分离的程度比承包更彻底些。租赁还要实行租赁抵押制，要承担对所有者资产保值的风险责任。

在创业者资金不足以实施创业计划的情况下，可通过租赁途径，租赁一个工厂、一个仓库、一个门面乃至一辆汽车……滚动发展，不断探索成功之路。

1. 租赁的意义 租赁是一种传统意义上的创业形式，虽然有一段时间淡出经济领域，随着改革开放又一次成为行之有效的探索创业的途径。

租赁的意义在于：一是，借助外力发展自己。租赁的本质就是“借鸡生蛋”、“以小搏大”，在自己创业实力不足的情况下，借助外力加快创业的脚步。二是，减小创业风险，创业需要大量资金，随之也带来较大的风险，采用租赁的方式，可以减少初期投入，规避创业风险。三是，使创业者提前进入经营者行列。虽然场地、设施是租赁的，但却承担风险责任，租赁者边积累、边创业，推进了创业的进程。

2. 租赁的利弊分析

(1)优势 一是可以减少固定资产投入。租赁费相当于分期付款，从而解决了创业者资金不足的问题。二是租赁时出租者一般需要向租赁者提供免费维修业务，从而没有维修费用的消耗（自购设备则需要支付维修费用）。而且租赁者也不承担设备更新方面的风险（自己经营需要支付设备更新费用）。三是，租赁企业租赁费用纳入成本，而不像购置设备需要照章纳税，从而减少了企业所得税。租赁者的经营收入在扣除租赁费用后，全部归自己所有。

(2)弊端 一是必须有一笔相当资金（租赁费用）的投入和财产抵押，所以也是存在风险的。因此，必须努力经营，取得好的经营业绩。二是租赁费用一般高于银行贷款利息。所以，租赁经营成本较高、利润率小，有时会出现经营收入全部交了租金，甚至因为交不上租金使经营中断的情况。

因此，创业者在选择租赁作为创业途径时，首先要对产品市场、流通渠道、产品关键技术、客户情况等经营重要环节有充分的了解，然后经过论证认为切实可行的情况下，才能采用租赁的形式进行创业。

(四)争取风险投资

风险投资是指专门对未上市,但具有巨大发展潜力的成长中的中小企业进行股权或债权的投资。因为这是一种前途未卜的投资,充满风险,所以称为风险投资。这是一种“双赢”的创业思路。投资者拥有资金却没有好的投资项目,创业者已经有一个比较成熟的商业构想或一个前景看好的项目但缺少资金。两者各取所需,促成资本与项目的结合,就是风险投资的实质性内涵。

风险投资对创业者有两大有利之处,一是使创业者获得一笔足够的资本,可以跳过漫长的原始积累阶段,一步跨入老板行列,直接进入经营状态,实现自主创业。一般说说,风险投资者关心的是投资回报,而没有管理企业的兴趣,他们在决定投资时,只看企业的可行性或发展前景,极少介入投资对象的运作。二是创业者不投入或少投入资金,全部或大部分风险是由投资者承担,创业者可以毫无后顾之忧地一心创业。创业成功,可以分享成果;创业失败,不承担责任。

风险投资对创业者也有不利的方面:一是风险投资者要对投资对象进行考察,创业者要有一个经得起考验的项目论证报告和良好的创业经营计划书,才能使投资者做出决定。二是创业利益要与投资方分享,一般主要收益总是落在投资方手里。

无论怎样,风险投资都是一个最富有创造力的方式,采用这一方式,创业者需要把握两点:一是要有一个成熟的创业项目构想,如专利、技术诀窍、创业工艺技术、商业关系等,并且有切实可行的实施方案。二是寻找一家对创业者项目感兴趣且有投资能力的风险投资机构或投资人,向投资人证实创业者的项目正是其投资兴趣所在,并说服其认可创业者的创业项目创意和经营计划书,同意为创业者的项目投资。目前,大学生村官创业选择传统意义上的风险投资难度很大,但是可以申请一些创业投资机构的资助。

第六节　创业项目计划书的编写

创业者无论是想获得风险投资，还是获得创业投资机构的赞助，都需要有一个经得起考验的项目论证报告和良好的创业经营计划书，以便投资者做出科学的评估和决定。

创业计划书，又名“商业计划”(Business Plan)，是由创业者准备的一份书面计划。它不仅仅是一种业务构思的策划和一份信息的披露，而且是吸引投资的宣传单，更是以后公司运作的指导书。写好创业计划书，就可以使头脑中的创业规划书面化、具体化，并且可以利用该计划书说服投资人，使创业者设计的创业项目获得风险投资和其他创业组织的扶持，从而使创业项目获得进一步发展的机会。创业计划书的写作是创业者必须掌握的技能。

在国外，一个风险投资公司每月都要收到数以百计的各式各样的创业计划书，每个风险投资家每天都要阅读几份甚至几十份创业计划书，而其中仅仅有几份能够引起他进一步阅读的兴趣，更多的则被淘汰了。所以，如果一份创业计划书既不能给投资者以充分的信息，也不能使投资者感兴趣，其最终结果只能是被淘汰。因此，创业者必须提供一份简洁、完整的创业计划书给投资机构。

一般情况下，一份《创业计划书》最长不要超过 50 页，最好在 30 页左右。同时，在计划书中要全面披露与投资有关的信息。在计划书的写作过程中要把握简明扼要、条理清晰、内容完整、语言通畅易懂、意思表述精确等基本撰写原则。在具体的创业计划书写作过程中还应注意如下几方面问题：

第一，要让投资者感到投资这个项目是值得的。而要做到这一点，就要使投资人或投资机构对计划书中所描述的企业的产品或服务感兴趣。要做到这一点，在创业计划书中，需回答好如下问题：产品正处于什么样的发展阶段？它的独特性怎样？企业分销产品的方法是什么？谁会使用企业的产品，为什么？产品的生产成本是多少，售价是多少？企业发展新的现代化产品的计划是什么？

第二，要细致分析竞争对手的情况。要做到这一点，在创业计划书中，需回答好如下问题：竞争对手都是谁？他们的产品是如何实现其价值的？竞争对手的产品与本企业的产品相比，有哪些相同点和不同点？竞争对手所采用的营销策略是什么？要明确每个竞争者的销售额、毛利润、收入以及市场份额，然后再讨论本企业相对于每个竞争者所具有的竞争优势，要向投资者展示顾客偏爱本企业的原因。例如，本企业的产品差别化程度高，性能价格比优，质量好，送货迅速，定位适中，价格合适等。创业计划书要使它的读者相信，本企业不仅是行业中的有力竞争者，而且将来还会是确定行业标准的领先者。

第三，创业计划书要给风险投资者提供企业对目标市场的深入分析和理解。要细致分析经济、地理、职业以及心理等因素对消费者选择购买本企业产品这一行为的影响，以及各个因素所起的作用。创业计划书中还应包括一个主要的营销计划，计划中应列出本企业打算开展广告、促销以及公共关系活动的地区，明确每一项活动的预算和收益。创业计划书中还应简述一下企业的销售战略。市场调研工作可以主要围绕以下内容进行：投资项目中的产品或服务处于什么样的范畴？是研发性质、生产性质、分销性质或是服务性质？该领域目前的情况如何？产品或服务处于一个什么样的阶段？其市场前景如何？目前的市场状况怎样？

第四，创业者要表明企业的商业计划是无懈可击的。创业者在创业计划书中，应该明确说明下列问题：企业如何把产品推向市场？如何设计生产线，如何组装产品？企业生产需要哪些原料？企业拥有哪些生产资源，还需要什么生产资源？生产和设备的成本是多少？企业是买设备还是租设备？解释与产品组装、贮存以及发送有关的固定成本和变动成本的情况。

第五，展示自己的管理队伍。把一个创意转化为一个成功的风险企业，其关键的因素是要有一支强有力的管理队伍。这支队伍的成员必须有较高的专业技术知识、管理才能和工作经验。管理者的职能就是计划、组织、控制和指导公司实现目标。在创业计划书中，应首先描述一下整个管理队伍及其职责，然后再分别介绍每位管理人员的特殊才能、特点和造诣，细致描述每个管理者将对公司所作的贡献。创业计划书中还应明确列出管理目标以及组织结构图。

第六，写好计划书的摘要。创业计划书中的摘要十分重要。因为它是风险投资者或投资机构首先要看的内容，所以计划书的摘要必须能让投资者有兴趣并渴望得到更多的信息，努力把投资者吸引住。

第四章　创业资金的筹集

创业企业与一般企业相比，存在着不成熟性、不稳定性和发展的不确定性等特征，而且外部环境和内部条件决定了创业期企业的风险要远大于一般企业。创业企业的自身特点决定了创业型企业在融资需求上也有别于其他企业。

第一节　融资与创业筹资

一、融资的概念及分类

融资，是指资金的融通。狭义的融资，主要是指资金的融入，也就是通常意义的资金来源，具体是指通过一定的渠道、采用一定的方法、以一定的经济利益付出为代价，从资金持有者手中筹集资金，组织对资金使用者的资金供应，满足资金使用者在经济活动中对资金需要的一种经济行为。

企业融资，是社会融资的基本组成部分，是指企业从自身生产经营现状及资金运用情况出发，根据企业未来经营策略与发展需要，经过科学的预测和决策，通过一定的渠道，采用一定的方式，利用内部积累或向企业的投资者及债权人筹集资金，组织资金的供应，保证企业生产经营需要的一种经济行为。

从融资主体角度，可对企业融资方式作 4 类划分：根据融资主体的积累与投资转化的关系分为外源融资和内源融资；根据资金供求双方的交易选择方式（是否通过金融中介）划分为直接融资和间接融资；根据金融工具的法律性质，可分为权益性资本融资和债务融资；根据所筹资金的使用期限划分为长期资金和短期资金。

(一)内源融资与外源融资

所谓企业内源融资,是指企业不断将通过生产经营活动积累的资金(企业的自我积蓄)转化为投资的过程,它是企业长期融资的一个重要来源。具体包括3种形式:资本金(除股本)、折旧基金转化为重置投资和留存收益转化为新增投资。内源融资可以减少信息不对称问题及与此有关的激励问题,节约企业的交易费用,降低融资成本,也可以增强企业的剩余控制权。因此,内源融资在企业的生产经营和发展壮大中的作用是相当重要的。但是,内源融资能力及其增长,会受到企业的盈利能力、净资产规模和未来收益预期等方面的制约。

现实中的资金供求矛盾总是存在的,并推动着外源融资的发展。外源融资的发展,可以提高全社会对资金的运作和利用能力,优化社会资源的配置效率,有利于分散投资风险。因此,任何企业都有一个确定内源融资与外源融资的合理比例问题。

外源融资是指企业通过一定方式从外部融入资金用于投资,包括来自金融中介机构的贷款、企业间的商业信用、通过公开市场或私人市场发行股票、债券和票据等。外源融资要靠企业外部的机构或个人获得资金。它对企业的资本形成具有高效性、灵活性、大量性和集中性等特点。

(二)直接融资与间接融资

直接融资,是指企业作为资金需求者向资金供给者直接融资的方式,一般是指发行股票和债券等;间接融资,则是企业通过金融中介机构间接向资金供给者融通资金的方式,一般是指银行或非银行金融机构的贷款等。

直接融资与间接融资的区别,不仅仅在于有无中介机构,关键是要看中介机构在其中扮演的角色。在直接融资中,通常也有中介机构的介入,但中介机构的作用仅仅是沟通并收取佣金,它本身不是一个资金供给或需求主体,不发行金融凭证。而在间接融资中,中介机构本身就是一个资金供给或需求主体,需要发行金融凭证,并将资金从最终供给者手中引到最终需求者手中。直接融资通常是指股票融资和债券融资,实际上“政府拨款”、“占用其他企业的资金”、“民间借贷”和“内部集资”等都属于直接融资范畴;间接融资除了向银行或非银行金融机构贷款外,“融资租赁”、“票据融资”等也是重要的间接融资方式。

一般情况下,大学生村官创业不可能采取发行股票或者债券的融资方式,但是可以采用政府扶持资金、民间借贷、创业人集资等直接融资方式。

(三)债务融资与权益融资

债务融资是以利用发行债券、银行借贷方式向企业的债权人取得资金的方式。从企业融资的渠道看,债务融资可以分为直接债务融资(企业直接发行债券、票据等)与间接债务融资(主要是通过银行中介获得的贷款)。大学生村官创业一般可以采用间接债务融资方式。

权益融资又称股权融资,所有权融资,是指企业采用自己出资、政府有关部门投资、吸收直接投资、与其他企业合资、吸引投资基金以及公开向社会募集发行股票等方式,通过出让企业的股权来为企业融得资金的经济活动。在股权融资中,投资者以资金换取公司的股权后,使企业股东之间的关系产生了变化,股东的权利和义务也将进行重新调整,企业发展模式和经营方式随之相应地改变。在农村创业可以采取股份合作的方式,即由创业者(包括村官和农民)投资入股来解决资金问题。

(四)长期资金与短期资金

长期资金是指企业可长期使用的资金,通常把使用期限在1年以上的资金称为长期资金。企业的长期资金包括:各种权益资金、长期借款、发行公司债券及融资租赁取得的资金。主要投资于企业新产品开发、经营规模扩大和固定资产更新等投资项目所需的长期资产上，如购置固定资产、无形资产、长期投资及长期占用的流动资产等。

短期资金一般是指使用期限在1年以内的资金，或者在超过1年的一个营业周期以内使用的资金。短期资金主要通过商业信用和短期银行借款的形式取得。主要投资于现金、应收账款、存货等资产。

（五）融资风险与融资成本

融资风险是指企业负债后因资本收益率变化和借款不确定性而产生利益损失的可能性。严格地说，它是因企业使用债务而产生的由股东（或企业资本投入者）承担的附加风险。实际上，这种附加风险包括两个层次：一是企业可能丧失偿债能力的风险；二是由于借债而可能导致企业股东的利益遭受损失的风险。融资风险因企业融资方式的不同而不同。

融资成本指企业为筹措和使用资金而付出的代价，包括筹措成本和使用成本。从资金使用者方面看，它是融资者为获得资本所必须支付的最低价格；而从资金所有者方面看，它是资金所有者提供资本时所要求的最低收益率。

企业的目标在于实现企业价值最大化。在一定的风险约束下，寻求融资成本最小化的融资结构、资本结构，是实现企业目标的一个重要方面。

二、创业融资的定义及本质

（一）创业融资的定义

创业融资是指在持续的生产经营活动中，创业企业为了生存和发展而筹措和运用资金的活动。创业融资研究的是创业企业的融资行为，具体包括在一定的融资风险下，如何获得资金，同时使得融资成本最小，而企业的价值最大化。

创业企业获取资金的能力体现为创业融资能力，即在现有条件下,创业企业能够取得的资金规模的最大额度。换言之,外界愿意提供的额度越高,表明该创业企业的融资能力越强。

一般情况下,影响企业融资能力的因素主要包括企业的信用记录、盈利记录、可供抵押的资产规模以及未来预期的现金流量等。资金提供者根据企业融资能力的大小确定其可以提供的信用额度。但是,对创业企业而言,尤其是处于初创期的企业,其信用记录、盈利记录尚不可得;特别是一些创业企业由于所处行业的特点,固定资产规模很小,因此对创业企业的融资能力的评价标准不能等同于传统大型企业的常规指标,必须做出一些修正。

(二)创业融资过程的本质

创业融资过程实质上是一种资源配置过程,其形式体现为资金供求的匹配。企业融资的基本目的是满足其生存和发展的需要,但在不同类型的企业和各成长阶段,企业的性质及其面临的外部不确定性因素存在着较大差异,对资本的需求表现出不同的规模、结构、风险和成本特征,也就需要不同的融资方式。

创业企业自身的特征决定了其在融资过程中与传统企业的不尽相同之处。由于创业企业多数是处于发育成长早期的新生企业,与规模较大的和发育较成熟的企业相比,存在客观上的信息不对称和主观上的知识积累不足,处于相对劣势,主要体现在创立时间短,规模小,信息拥有量少,信用记录缺失。低信息透明度必然会带来投资决策和管理上较大的盲目性;信用记录的缺失与地位规模的弱小导致了创业企业在融资市场资本与信贷的“双缺口”。

创业企业成长的高度不确定性影响到投资者提供资金的意愿、给予信用的愿望以及管理者的决策;还会影响投资的时机选择,投资者会在创业企业创立阶段就注入全部资本还是应分阶段注入资本之间做出选择。同时,作为资金需求方的创业企业与资金供给方之间存在的信息不对称,可能产生“道德风险”,使得资金供给方往往需要更严格的监控机制以掌控其贷出资金的运用情况。但由于监控成本较高，在加工处理信息方面也会遇到困难，因而限制了信息的有用性，也限制了其向创业企业，哪怕是一些拥有较大可行性和较高报酬率的投资项目的创业企业借出资金。

总体来讲，创业企业与大企业在融资问题上由于它们与资金供给方之间不同程度的信息不对称导致了其融资方式的差异。因此，解决创业融资问题的实质就是要找到适用于创业企业融资需求特征并能有效降低信息不对称程度的融资方式或手段，以提高创业企业融资能力。创业企业在融资需求上也有别于其他企业。

1. 融资市场化 企业创业初期，自我积累的资金有限，不可能满足技术创新的高投入需求，必须从外部市场进行广泛的融资。

2. 融资多元化 为了满足技术创新的融资需求，创业企业需要多渠道筹集资金，建立完善的融资体系。

3. 融资组合化 创业企业技术创新的风险产生于研究与开发活动的不确定性。这种风险的初始值最大，随着技术创新各阶段的依次顺利发展而逐渐减少。在一个技术创新过程中技术风险和投资风险的最大值分别出现在创新过程的初期和中前期，中后期的风险逐步减少。根据技术创新风险收益的阶段性特征，创业企业在融资过程中应当实施有效的组合，合理、有效的融资组合不但能够分散、转移风险，而且能够降低企业的融资成本和债务负担。

4. 融资社会化 融资社会化是指创业企业的融资需要社会各方面的力量，特别是需要政府的引导和扶持。

由此可见，无论是创业企业处于开创、成长、成熟的哪个阶段，创业融资都是创业者面临的主要问题之一，要想使创业企业存活并且发展起来，就必然要解决好创业企业的融资问题。

第二节 创业企业融资方式

由于创业企业一般缺乏良好的信用记录和企业规模较小，因此融资方式的选择具有很大的局限性。无论是选择股权融资还是债权融资，都有一定的困难。大学生村官创业资金的筹集也是如此。

一、创业企业选择融资方式的原则

（一）融资收益与融资成本的比较原则

企业在进行融资之前，首先考虑的不是各式各样的融资途径，更不要草率地做出融资决策。因为融资则意味着需要成本，融资成本既有资金的利息成本，还有可能是昂贵的融资费用和不确定的风险成本。一般来说，按照融资来源划分的各种主要融资方式，融资成本大小的排列顺序依次为财政融资、商业融资、银行融资、债券融资、股票融资，这仅是不同融资方式、融资成本的大致顺序，具体分析时还要根据具体情况而定。

例如，财政融资中的财政拨款不但没有成本，而且有净收益，而政策性银行低息贷款则要有较少的利息成本。对于商业融资，如果企业在现金折扣期内使用商业信用，则没有资金成本；如果放弃现金折扣，那么资金成本就会很高。对股票融资来说，其中发行普通股与发行优先股，融资成本也不同。因此，只有经过深入分析，对融资的收益与成本进行仔细的比较，确信利用资金所预期的总收益大于融资的总成本时，才有必要考虑如何融资。这是企业融资决策的首要前提。

创业企业所能筹集到的资金是非常有限的，因此企业在融资前就要确定融资规模。融资过多就可能造成资金闲置浪费、导致融资成本的增加，另一方面也可能导致企业负债过多，创业企业偿还起来就更加困难，增加了财务风险，危及企业的生存，而这段期间，生存才是前提；相反，融资不足就会影响企业经营与投资计划的实施，以及其他业务的正常开展。因此，企业在进行融资决策时，要仔细斟酌，根据企业对资金的需要、企业自身的实际条件以及融资的难易程度和成本情况，确定合理的融资规模。

(二)把握融资机会的原则

所谓融资机会，是指由有利于企业融资的一系列因素所构成的有利的融资环境和时机。企业选择融资机会的过程，就是企业寻求与企业内部条件相适应的外部环境的过程，特别对于创业企业，就更有必要对企业融资所涉及的各种可能影响因素做适时的综合分析，利用环境，抓住时机。一般来说，要充分考虑以下几个方面：

1. 适应外部融资环境，把握各种有利时机 由于企业融资机会是在某一特定时间所出现的一种客观环境，虽然企业本身也会对融资活动产生影响，但与企业外部环境相比较，企业本身对整个融资环境的影响是有限的。在大多数情况下，企业实际上只能适应外部融资环境而无法左右外部环境，例如，每一时期国家对经济的宏观调控政策都不相同，或者是每一阶段国家鼓励发展的行业也在不断变化。事实证明，外部环境的变化总会伴有新行业新领域的产生。因此，创业企业确保融资获得成功就必须充分发挥主动性，积极地寻求并及时把握住各种有利时机。

2. 企业融资决策要有超前预见性 由于外部融资环境复杂多变，企业融资决策要有超前预见性。为此，企业要能够及时掌握国内和国外利率、汇率等金融市场的各种信息，了解国内外宏观经济形势、国家货币及财政政策以及国内外政治环境等各种外部环境因素，合理分析和预测能够影响企业融资的各种有利和不利条件，以及可能的各种变化趋势，以便寻求最佳融资时机，果断决策。

3. 结合本企业自身的实际情况制订出合理的融资决策 企业在分析融资机会时，必须要考虑具体融资方式所具有的特点，结合本企业自身的实际情况，适时制订出合理的融资决策。例如，大学生村官在农村兴办国家政策支持的农业企业，就可以申请政府支持农业发展的政策性贷款或者创业扶持机构给予的小额贴息贷款。

(三)制定最佳融资期限的原则

企业融资按照期限来划分,可分为短期融资和长期融资。企业做融资期限决策,即在选择短期融资还是长期融资时,主要取决于融资的用途和融资人对融资风险的看法和承担风险的能力。

从资金用途来看,如果融资是用于企业流动资产,则根据流动资产具有周转快、易于变现、经营中所需补充数额较小及占用时间短等特点,宜于选择各种短期融资方式,如商业信用、短期贷款等;如果融资是用于长期投资或购置固定资产,则由于这类用途要求资金数额大、占用时间长,因而适宜选择各种长期融资方式,如长期贷款、企业内部积累、租赁融资、发行债券和股票等。从风险性偏好角度来看,在融资期限决策时,可以有配合型、激进型和稳健型3种类型。

1. 配合型融资政策 对于临时性流动资产,运用临时性负债融资满足其资金需要;对于永久性资产,运用长期负债、自发性负债和权益资本融资满足其资金需要。

2. 激进型融资政策 临时性负债不但解决临时性流动资产的资金需要,还解决部分永久性资产的资金需要。

3. 稳健型融资 企业不但用长期资金融通永久性资产,还融通一部分甚至全部流动性资产。当企业处于经营淡季时,一部分长期资金用来满足流动性资产的需要;在经营旺季时,流动性资产的另一部分资金需求可以用短期资金来解决。

(四)企业的控制权原则

企业在融资时,经常会发生企业控制权和所有权的部分丧失,这不仅直接影响到企业生产经营的自主性、独立性,而且还会引起企业利润分流,使得原有股东的利益遭受巨大损失,甚至可影响到企业的近期效益与长远发展。例如,发行债券和股票两种融资方式相比较,增发新股会削弱原有股东对企业的控制权,除非原股东也按相应比例购进新发行股票;而债券融资则只增加企业的债务,并不影响原有股东对企业的控制权。因此，在考虑融资的代价时，只考虑成本是不够的。当然，在创业企业需要资金的情况下，也不可能只考虑守着控制权不放。例如，对于一个急需资金的小型高科技企业，当面临某风险投资公司较低成本的巨额投入，但要求较大比例控股权，而此时企业又面临破产的两难选择时，一般来说，企业还是应该从长计议，在股权方面适当做些让步。

(五)寻求最佳资本结构的原则

1. 融资风险控制与资本结构 创业企业融资时，应该高度重视融资风险的控制，尽可能选择风险较小的融资方式。企业高额负债，必然要承受偿还的高风险。在企业融资过程中，选择不同的融资方式和融资条件，企业所承受的风险大不一样。例如，企业采用变动利率计息的方式贷款融资时，如果市场利率较高，而预测市场利率将呈下降走势，这时企业贷款适宜按浮动利率计息；如果预测市场利率将呈上升趋势，则适宜按固定利率计息，这样既可减少融资风险，又可降低融资成本。对各种不同的融资方式，企业承担的还本付息风险从小到大顺序一般为：股票融资、财政融资、商业融资、债券融资和银行融资。

企业为了减少融资风险，通常可以采取各种融资方式的合理组合，即制订一个相对更能规避风险的融资组合策略，同时还要注意不同融资方式之间的转换能力。例如，对于短期融资来说，其期限短，风险大，但其转换能力强；而对于长期融资来说，其风险较小，但与其他融资方式间的转换能力较弱。

企业在筹措资金时，常常会面临财务上的提高收益与降低风险之间的两难选择。那么，通常该如何进行选择呢？财务杠杆和财务风险是企业在筹措资金时通常考虑的两个重要问题，而且企业常常会在利用财务杠杆作用与避免错误风险之间处于一种两难处境：企业既要尽力加大债务资本在企业资本总额中的比重，以充分享受财务杠杆利益，又要避免由于债务资本在企业资本总额中所占比重过大而给企业带来相应的财务风险。在进行融资决策与资本结构决策时，一般要遵循的原则是，只有当预期利润增加的幅度将超过财务风险增加的幅度时，借债才是有利的。

因此，企业在进行融资决策时，应当在控制融资风险与谋求最低收益之间寻求一种均衡，即寻求企业的最佳资本结构。

2. 最佳资本结构的决策程序　当一家企业为筹得一笔资金面临几种融资方案时，企业可以分别计算出各个融资方案的加权平均资本成本率，然后选择其中加权平均资本成本率最低的一种。被选中的加权平均资本成本率最低的那种融资方案只是诸种方案中最佳的，并不意味着它已经形成了最佳资本结构，企业财务人员可利用一些财务分析方法对资本结构进行更详尽的分析。根据分析结果，在企业进一步的融资决策中改进其资本结构。

二、创业企业融资渠道

融资渠道是指资金来源的方向和通道，体现着资金的源泉和流量。认识融资渠道的种类和每种渠道的特点，有利于企业充分开拓和正确利用融资渠道。创业企业可以获得的融资渠道主要有：

（一）自筹资金

创业企业自筹资金的范围比较广泛，主要有创业者（或合伙人、股东）自有资金；向亲戚朋友借用资金；向企业成员集资和企业留存收益等。

（二）天使投资和其他个人投资资金

天使投资是指具有一定资本金的个人或家庭，对于所选择的具有巨大发展潜力的初创企业进行的早期的、直接的权益资本投资的一种民间投资方式。从天使投资的含义可以看出，天使投资是一种民间资本投资，常常被称为非正式的风险投资，与正式的风险投资一样，天使投资也是一种提供追加价值的、参与性很强的长期的权益资本投资，选择高风险高收益、具有巨大增长潜力的项目作为投资目标，以高科技产业为主，同时也包括成长性好的传统产业。

（三）风险资本

也叫创业资本，通常高新技术产业会较多地获得这种投资。根据全美风险投资协会（NVCA）的定义，风险投资是指由职业金融家对新兴的、迅速发展的、孕育着巨大竞争潜力的企业的一种权益投资。风险投资项目的失败率较高，但一旦成功将获得巨额利润。

（四）政府扶持资金

政府的中小企业扶持资金也是创业企业融资的重要来源之一，主要包括税收优惠、财政补贴、贷款援助和开辟直接融资渠道。税收优惠是最直接的资金援助方式，有利于资金的累积和成长，包括降低税率、税收减免、提高税收起征点和提高固定资产折旧率等。财政补贴是政府为使中小企业在国民经济及社会的某些方面如吸纳就业、促进中小企业科技进步和鼓励出口等方面充分发挥作用而给予的财政援助，包括就业补贴、研发补贴和出口补贴。贷款援助包括贷款担保、贴息贷款、政府优惠贷款等。

（五）金融和非金融机构贷款

主要指商业银行以及其他金融和非金融机构的信用、抵押和担保贷款，还包括了中小企业间互助机构的贷款；社会性基金（如保险基金、养老基金等）贷款等。一般来说，由于缺乏经营历史和信用积累，创业者比较难以获得银行的信用贷款，可以不动产、动产或无形资产作抵押，向银行获取贷款。担保贷款可以采取的形式有自然人担保、专业担保公司担保和托管担保等。票据贴现、出售应收账款等也是创业企业获得短期资金可以采取的途径。另外，高科技创业企业还可以申请项目开发贷款，出口导向型企业可以申请出口创汇贷款。

三、创业企业融资方式

融资方式是指企业筹措资金所采取的具体形式，体现着资金的属性。认识融资方式的种类及每种融资方式的属性，有利于企业选择适宜的融资方式和进行融资组合。创业企业融资方式一般有以下7种。

（一）吸收直接投资

创业企业以协议等形式吸收国家、其他企业、个人投入资金的方式。它不以股票为媒介，是非股份制企业取得权益资金的重要方式。

（二）发行股票

符合股票发行条件的创业企业可以通过发行股票筹资。发行普通股筹资可以得到永久性的资金使用权，因为股本是不用偿还的，也不需要支付像负债利息那样的固定费用。

（三）留存收益

创业企业也可以使用当年的留存收益筹资，也称为内部筹资，这通常会涉及公司的鼓励政策，即公司的利润怎样进行分配，留存多少。

（四）金融机构借款

这是创业企业按照借款合同从银行等金融机构借入各种款项的一种常用的融资方式。

（五）发行公司债券

在我国，股份有限公司，国有独资公司和两个以上国有企业或者其他两个以上的国有投资主体投资设立的有限责任公司可以依法发行债券进行筹资，以获得大额的长期债券资本。符合条件的创业企业可以采用这种方式来融资。

（六）商业信用

商业信用是指在商品交易中已延期付款或预收货款等形式进

行购销活动而形成的借贷关系，它是公司间直接的信用行为，是企业筹措短期借入资金的一种重要方式。这种筹资方式比较灵活、方便，创业企业可以使用这种方式来缓解短期资金周转压力。

（七）租赁融资

这对于创业企业来说，是十分有效的融资方式，具体有经营租赁、融资租赁或者分期付款、售后租回等方式。租金的支付可以分期摊付而不是一次性付清，避免支付大量现金，减轻了企业由于设备改造带来的资金周转压力。

四、主要融资渠道及融资方式分析

新创企业的融资活动必须遵循一定的原则，同时也要有较为缜密的操作过程，而这一切的融资操作过程都必须依托于一定的融资渠道和融资方式才能进行，不同的融资渠道及方式具备不同的操作特征和注意事项。目前，新创企业可采用的融资渠道及方式的类型较多，以下精选了10种具备一定代表性的融资渠道及融资方式，分别就其特征、操作方式，以及注意事项进行一定的阐述。

（一）天使投资

天使投资的民间性、自发性、个体性和分散性使它独立于风险投资和其他投资形式，成为一种具有强大生命力的、特殊的个人投资方式。

第一，天使投资是一种富有的个人或家庭直接向企业提供资金的私人权益投资，呈现出鲜明的个人行为特征。在国外，这些“天使”通常包括富有的商人、律师、医生或者成功企业家等。他们以自己的钱直接为看好的项目或企业提供资金。但并不是所有人都可以成为天使投资家，一名合格的天使投资家需要具备一定的客观条件和主观条件。

例如，在美国曾有过如下规定：从客观上讲：个人或家庭的净资产超过100万美元。这里，净资产是指个人在住房和汽车等生活必需品以外的资产；如果个人或家庭的净资产不足 100 万美元，那么，在过去 2 年内，个人的年收入要超过 20 万美元，对于已婚的个人，夫妻年收入要超过 30 万美元；从主观上说：天使投资家还应当具备一定的个人素质，其中最基本的是个人的心理素质，承受风险的能力以及一定的投资眼光和投资领域的相关经验。

第二，天使投资是一种直接投资方式。它直接由私人而不是通过投资机构投入，天使投资者既是资金的管理者也是资金的所有者，在管理上天使投资者与风险企业之间只有一层的委托——代理关系。而风险投资存在着比较复杂的双重委托——代理关系。

第三，由于天使投资是一种私人直接权益投资，因此其投资规模相对于机构投资基金偏小，一般投资于资金需求量较小的企业种子期或早期阶段，由于规模小，风险大，成本高，一般风险投资不愿介入，且因其规模小，对被投资企业审查程序简单，故投资速度快，投资成本低。天使投资的这些优点使得其在创业企业股权融资中具有独特的优势，成为新兴企业或项目早期融资的首要渠道，对处于创业阶段的企业起到了积极的孵化作用，被比喻为“创业企业成长的摇篮”。

天使投资的上述几个重要特征，使得天使投资在现代经济社会中发挥着越来越重要的作用，成为发育完善的资本市场中不可缺少的重要组成部分，也必将受到社会各界越来越多的关注。

我国的天使投资是随着互联网和高新技术企业的兴起而发展起来的，例如，1996 年美国的爱德华罗伯特和麻省理工学院的尼格罗庞帝教授作为天使投资者对搜狐投资 20 万美元，使搜狐度过了资金短缺的危机；又如，微软副总裁李开复博士和微软中国研究院的张亚勤博士，他们就曾经投资于清华学生创业团队的东方博远。虽然我国已经出现较多的富裕阶层，形成了天使投资的资本供给基础，但是与国外发达国家的天使投资相比，我国的天使投资规模还很小，很不成熟，在观念上还是一个比较新鲜的概念；而且我国的天使投资家大都以个体的形式存在，不像美国那样以团体的形式存在。

从我国天使投资者的构成上来看，主要有3类人：第一类是外国公司在华的代表和高级管理者；第二类是对中国市场感兴趣的外国投资者和海外华侨或海归人士；第三类是当地的富人和国内成功的民营企业家。总体上来看，我国目前的天使投资者主要以前两类为主，根据最近维欣创业投资网所做的一次调查统计，在对创业企业进行的天使投资中，第三类投资者所占的比例还不到10%，这与目前我国积累的庞大的民间资本极不相称。统计资料表明，1983年我国城乡居民储蓄存款余额仅为892.5亿元，而到2003年底，这个数字已经高达103 618亿元，超过10万亿元，20年间增长了116倍，年平均增长速度高达26.8%。而城乡居民储蓄存款中的80%集中在20%的储户手中。促使富裕的家庭和个人的资本通畅地进入创业投资领域，既可以调整全社会的投资结构，减轻长期依赖政府投资拉动经济的压力，又有利于克服我国创业资本有效供给不足的困境。

(二)风险投资

为了分散风险以保护风险投资者的利益，风险投资通常选择多轮投资和联合投资的方式；为了避免股权的稀释，风险投资协议常常伴随相应的保护条款和选用附认股权证、可转换优先股和可转换债券等具有期权性质的形式。风险投资家不仅投入资金，还用他们长期积累的经验、知识和信息网络帮助企业管理人员更好地经营企业，所以它也是一种参与式投资。在风险资本支持下发展起来的企业成长速度远高于普通同类企业。风险投资通过将企业以上市、并购等形式出售，获得高额回报。

(三)政府扶持资金

在现阶段，政府扶持资金也是创业者可以利用的有力工具。

从中央到地方，各级政府为了优化产业结构，促进高新技术成果产业化或者直接支持新创企业发展，提供了大量的政策性支持资金，它们一般包括利用财政补贴、贴息贷款、优惠贷款、税收贷款政策以及一些专项资金的方式为创业成长提供支持。

许多经济发达国家和地区普遍采用各种金融手段扶持中小企业，而最常用的就是政府担保贷款，如美国的小企业管理局，英国的贷款保证计划、香港的中小企业信贷保证计划等。我国从 20 世纪 80 年代末开始实施对中小企业贷款进行扶持的政策、国家各部委设立专项扶持资金，先后推出了 863 专项、火炬专项、创新基金、外资发展基金、中小企业国际市场开拓资金、利用高新技术更新改造项目贴息基金、电子信息产业发展基金、产业技术进步资金资助计划、节能产品贴息项目计划等专项贷款。2002 年底国家经贸委又下发了《中小企业信用担保体系建设试点工作方案》，积极推动金融机构为中小企业的发展提供担保。

由于有相关政策的支持和保护，政策融资方式的融资价格和融资规模相比于其他的融资渠道具有更大的优越性。在不同的发展阶段，只要新创企业符合国家和地方的产业政策，就可以通过此种渠道进行融资。目前，可供新创企业利用的国家产业政策扶持资金或政策主要有：再就业小额担保贷款、科技型新创企业技术创新基金、新创企业国际市场开拓资金和地方性优惠政策等。新创企业要想申请并最终获得产业政策的扶持资金就必须注意以下几个方面：

第一，应当认真学习政府的有关产业政策和扶持政策，或通过政府各部门的网站了解信息，或直接到政府有关主管部门与有关人员交流，或通过行业协会以及协会兴办的一些活动和讲座学习政策，或求助于相关专家、专业人士以及中介机构。创业者可以掌握相关产业的发展动向，特别是政府有关部门的产业发展规划。一般而言，如果新创企业属于政府部门想大力发展的行业，则具有较大可能获得政策融资。

第二,应当积极包装自己,做好申请前的准备工作。创业者可以尝试撰写一份融资计划书,对企业拥有的核心技术、生产、市场方面的优劣势、企业的发展潜力、财务状况等内容认真分析,充分挖掘出企业的内在价值。同时,企业还应注重公司的无形资产,如产品的测试和鉴定,企业标准的制定,专利、商标、著作权的申请,科技成果的鉴定,企业信用的评级,质量体系认定等。这些无形资产往往能让企业在融资竞争中占据较大的优势。

第三,企业除了要详细准备申请材料外,还应主动与有关政府主管部门人员接触、沟通,使他们对企业的基本情况有一个比较深入的了解。在争取政府资源方面,企业必须做好公司品牌的推广,要让政府了解到企业在行业具有较好发展前景,在两者之间建立较好的公共关系和信用关系。这样,企业才能在政策融资过程中争取到更多的主动权。

(四)银行贷款

在这类融资渠道中,创业者试图从商业银行中贷到资金。通常银行贷款可以分为信用贷款和抵押贷款两类。在信用贷款中,银行依据借款人的信用状态发放贷款,一般适用于具有较长经营历史和信用积累的大企业,新创企业想通过此种渠道融资则较为困难。在抵押贷款中,企业以其所拥有的财产作抵押,作为获得银行贷款的担保。在财产抵押期间,借款者依然具有其财产的使用权。当借款者不能按照合约还款时,贷款方为弥补自己的损失,有权依法对其财产进行折价变卖、拍卖等活动。显然,这种抵押制度对于借款者的实力也提出了要求。

由于银行业在金融资源中的核心地位,决定了银行贷款依然是新创企业融资的主要渠道,从国内外的情况来看也正是如此。但是,由于目前的银行服务多倾向于有较好信誉的大中型企业,而忽视了与新创企业之间的业务联系和交流,从而导致新创企业贷款较为困难。同时，由于银行贷款的手续比较繁琐，效率较低，也不能很好地满足新创企业融资效率高的要求。这些都导致新创企业通过银行贷款进行融资困难重重。当然，创业者们也应当意识到近几年银行体系正在调整之中，对新创企业的扶持也在逐步加大，通过银行获取资金不失为一条有利途径。

对于成长期的新创企业来说，为通过普通贷款的渠道获取企业发展所需资金，不仅需要抓住有利机遇，更应充分运用自身的融资能力，制订合理的融资策略。

第一，应注意正确认识银企之间的合作关系。银行和企业之间不仅仅是资金借贷关系，同时还是一种互利互惠的合作关系。企业得到银行的贷款，可促进企业的发展；同时，银行通过发放贷款，获取利息收入，可以保证银行的利润。因而，企业向银行寻求贷款的过程也是企业展示自身实力、寻求合作伙伴、共同成长的过程。在这一出发点之下，创业者在与银行的资金往来间，应当端正心态，不卑不亢，使银行贷款成为企业成长的有力工具，而非负担。

第二，应注意挑选合适的借款对象。在通过银行贷款进行筹资的过程中，创业者应根据企业特点，选择一家最适合自身发展的银行。一般首要选择那些乐于向新创企业贷款的银行，这样不仅可以获得较为充足的贷款资金，而且可能也会享受到贷款以外的服务；其次，要选择贷款效率高的银行，银行是否能及时放贷是新创企业应该考虑的主要因素。一般来讲，地方性金融机构由于自主性强，放贷速度一般较快一些；同时，为降低企业与银行在沟通上的成本费用，一般选择地理位置较近的银行，这样不仅信息灵活，结算也比较方便。

第三，应注重规范企业财务管理，树立自身的良好形象。一个企业要获得更好的发展，在信贷部门获取较高的评价，就必须确保自身各项经济活动和财务收支的真实性和合法性，进行科学的管理，在经营体制和管理方式方面努力向现代企业靠近。银行作为借贷方，也会通过适当的途径主动了解企业的经营状况，但是一般而言，银行与大型企业的业务联系较多，与新创企业的业务联系较少，对其信用状况缺乏了解，因此不愿意向新创企业投资。为了改变这一状况，企业必须加强信用意识，规范自身的金融行为，树立良好的企业形象，积极主动地加强与银行之间的沟通，以期获得银行信贷部门更有力的支持。

第四，应注意密切关注银行动向，掌握融资信息。融资并非守株待兔，坐等银行上门贷款，更需要创业者积极主动出击，寻找更多融资信息。在竞争激烈的情况下，银行为争取更多的贷款企业，必然会不断提高自己的服务能力，并可能推出一些能被新创企业融资利用的服务品种。因此，创业者一定要精通各银行提供的创新金融服务程序，适时地为己所用，为企业争取到更多的利益。

(五)民间借贷

民间借贷是一种古老的融资方法，长期以来，它一直生存于民间，是个人与个人之间、个人与企业之间的融资，也被称之为“草根金融”。按照借贷利率水平高低，民间借贷方式一般可分为低利率的互助式借贷、利率水平较高的信用借贷；按照借贷对象的不同，则可以分为个人借贷、地下融资中介借贷，以及企业间资金融通等。

民间借贷的主要特点是借贷手续简便，时效性强，适合新创企业临时性融资。在经济较发达、市场化程度较高的地区，民间借贷行为非常活跃，如江浙一带，企业通过民间借贷获得经营资金现象非常普遍。但是由于没有正式引入合规渠道，借贷双方法律意识均较为淡薄，借贷行为没有相关法律的保障，民间借贷也很容易产生纠纷。因此，为回避各种风险，成功融资，无论在借款前，还是借款过程中，都必须明确一些事项，确保融资合法规范。

第一，在借款前，创业者应准确评估借贷风险发生的可能性及风险大小，以确保损失在企业所能承受的范围之内。为了控制借贷风险，创业者需要掌握的是融资的数额以及期限两个方面。从融资数额来看，借入资金过少，无法满足企业发展所需；借入资金过多，则给企业造成较大的利息负担。因而，准确评估企业的实际资金需求量对创业者做出正确的融资决策非常重要。从融资期限来看，则应根据借款利率的高低，权衡企业的收益与成本，做出正确的选择。

第二，在借款过程中应确保借据要素齐全，借贷利率合理，借贷双方责任应当明确化、法律化。在借贷过程中，借贷双方必须签订书面的借据或协议以确定借贷的金额、利息、期限、责任等内容，以免在借贷关系无效时彼此推卸责任。最终所签订的借贷协议必须具有规范性和可保存性，借贷双方都应注意将这一有效凭证妥善保管好，避免可能出现的纠纷。

第三，在发生纠纷时，企业应注意运用正确的方式，确保在法律框架内予以解决。如当借贷双方对借贷利率发生争议时，可考虑适当参照银行同类借贷利率计息，以免产生更大的纠纷。同时，在运用法律手段解决较大纠纷时也应注意掌握诉讼时效，借贷双方权利受侵害时，受害方应当在法律所设定的有效期限内向法院提起诉讼，避免因错过诉讼有效期限而陷入被动。在发生纠纷的时候，求助于专业的法律人士是必要的。

(六)融资租赁

融资租赁是通过租借设备的方式来维持生产或扩大发展，再把生产所得的资金偿还租金并最终获得设备所有权的一种独特的融资渠道。相比于通过银行贷款购买设备，融资租赁延长了企业资金融通期限，加大了企业的现金流量，可以减小企业的还款压力，缓解企业的资金周转紧张状况。由于在融资租赁过程中，租赁方不考查承租人的财务状况，这就较好地解决了新创企业财务信息不规范的问题，而且由于以承租设备为担保物，不需额外的担保或抵押，解决了新创企业无产可押的问题。因此，融资租赁的门槛较低，新创企业可以较为容易获得资金。

除此之外，融资租赁还有一些独特的优势：融资租赁中的经营性租赁属于表外租赁，企业得到了固定资产使用权，但不增加表中负债，可以美化企业的财务报表，改善企业的资信状况；采用融资租赁方式引进国外技术设备，绕开外贸政策障碍和国外技术封锁，有利于新创企业利用外资，提高技术设备水平；融资租赁以物为载体，具有较大的灵活性和自主权，对短期、中期、长期的融资项目都适宜，而且分期支付租金的还款方式对新创企业来说也易于接受，特别适合于资金规模小，但设备使用价值高的新创企业。

虽然融资租赁对于新创企业的适用性较强，创业者也应当认识到此种渠道特殊性的另一面，以免企业在融资过程中利益受损。

第一，融资租赁的过程要比一般的借贷行为复杂，至少涉及出租人、承租者和供货者三方当事人，并至少由买卖合同和租赁合同两个合同构成，它们相互关联、相互制约。出租人负责按用户的要求，给予融资便利，购买设备，承租人则要负担设备缺陷、延迟交货等责任和设备维护费用。因此，选择融资租赁方式进行融资，一方面有其便利性，另一方面也会涉及一些复杂的借贷程序，如果创业者对于设备的需求非常迫切，则应当慎重选择这一融资方式。

第二，在基本租期内，出租方和承租方都拥有各自的责任和义务。出租方在法律上享有设备的所有权，出租人在一次交易中要收回全部或是大部分该项交易的投资，即出租人从承租用户收取的租金金额应等于该项租赁交易的全部投资和利润，或是根据相关标准，等于投资总额的一定比例。承租方在经济上享有设备的使用权，应负担设备的保险、保养、维护等费用。同时，在租赁期，承租人对设备还具有留用、续租赁的选择权。因此，对于创业者来说，必须充分应用融资租赁合同，在履行应尽责任的同时，享受应有权利。

第三，在一般情况下，租期内租赁双方都无权终止租赁合约。

承租人不能以退还设备为条件提前终止合约；同时，出租人也不能以设备市场涨价为由提高租金。因此，融资租赁的退出成本较高，在实施融资租赁之前，创业者应当慎重决定，避免出现不必要的麻烦。

(七)股权融资

股权融资是新创企业成长过程中一类非常重要的融资方式。在股权融资中，企业通过出让部分股权筹集所需资金。显然，股权的出让对于企业发展的影响非常重大，企业内部股权结构发生变动，股东的权利和义务将重新进行调整，创业者对于企业的控制力也随之变动，这些最终导致了企业的发展模式和经营方式的变化。

尽管如此，相对债务性融资，股权融资的优势也非常明显，股权融资方式所吸收的是一种权益性资本，企业无须按月偿还利息，也没有资金到期期限，只要双方同意，资金可以无限期驻留在企业内部。同时，如果企业引进的是战略性投资者的话，投资者会对企业的发展目标、经营管理方式产生重大影响，这些投资者往往对企业所在行业较为熟悉，所能提供的战略性专业支持能够有效促进企业发展。

由于股权融资的特殊性，创业者在进行此类融资时必须非常慎重，避免一些常见的融资陷阱：

第一，应当慎重选择股权出让对象。由于股权出让的特殊性，创业者在选择新的合作者前，首先应从企业的发展战略及长期发展目标出发，同时考虑企业的股权稀释以及企业管理权分散等因素，确保投资者的引入对企业的盈利方式及利润分配方式不会产生较大的变动。另外，投资者的选择标准还应当具备针对性，创业者应当考虑投资者的引入是否能解决企业发展中存在的一系列问题。如能否扩大企业的生产能力和产品的市场份额，能否提高企业的管理水平，加快企业技术的创新和产品的开发，能否使企业保持稳定的资金来源等。这样，才能在融通资金的基础上，推动企业未来的发展。

第二，应当慎重考虑股权出让比例。在股权融资中，最为关键的问题在于企业控股权的受让与否。如果创业者只是出让小部分股权，企业的管理权不会产生重大变化，创业者能够继续拥有控股权，对企业的技术开发和经营管理依然起领导作用。如果创业者为了吸收更多的资金，出让企业大部分股权，那么企业的控股权就转移到了投资者手中，企业的战略方向、管理模式、营销方式等内容都将由投资者来决策。企业控股权的出让与否取决于创业者与投资者之间的讨价还价，如果创业者迫切需要发展资金以及相应的配套支持，那么，投资者在谈判中无疑握有更多的主动权，拿到企业控股权的可能性也比较大。因此，控股权的转移归根到底取决于投、融资双方的实力对比，在实力不足的情况下，创业者尤其需要慎重对待股权融资。

第三，应当合理确定股权出让价格。在股权融资中，股权定价是一个非常现实的问题。在理论上，可以采用的方法包括净资产定值定价法、现金流贴现法、市盈率评估法及净资产倍率法等。在实际运用中，创业者应根据自身的情况和市场的变化，综合考虑各种因素，选择合适的定价方法确认股权出让的价格。由于发展阶段不同，企业所具有的增长潜力和所面临的风险就会不同。同时，发展阶段的不同也会影响到企业所处的产业地位，这些因素都将直接影响企业价值。因此，创业者应当重点考虑企业的发展阶段，制定合理的股权出让价格。

（八）上市融资

上市融资所吸收的同样是权益性资本，但是和前面所讨论的股权融资方式不同，上市融资主要是通过向社会公开发行股票的方式吸收资金。尽管目前大学生村官创业距离上市还很远，但是如果创业企业抓住机会，迅速发展起来，未来也不是没有上市的可能。从国内的现实情况来看，适用于新创企业的上市融资方式一般可分为国内上市、买壳上市和海外上市。

国内上市可以选择主板或中小企业板。由于新创企业规模普遍较小，基本上无法进入主板市场，而中小企业板的设立虽然为企业开辟了一条融资渠道，但却比较狭窄，上市门槛也比较高，真正能通过国内上市融资的企业少之又少。因此，买壳或借壳成为新创企业内地上市的选择。所谓买壳上市是指拟上市企业以有偿的方式取得某个已上市企业的控制权，从而将自己的主营业务转移到该上市企业，以达到上市的目的。海外上市指的是国内企业向海外投资者发行股权或附有股权性质的证券，并在海外公开的证券交易所流通转让，国内新创企业通常可以选择的海外上市地点包括纽约、新加坡、我国香港等地区。

虽然通过上市融资方式，创业者可以获得大量权益性资本，但是在选择具体何种上市方式的时候，需要根据不同上市方式的优缺点做出综合比较，选择正确的上市道路。

第一，国内的中小企业板市场对企业的规模有一定的限定，且非常适合于高成长性企业。也就是说，高成长性的企业可以尝试在中小企业板上市。对于高成长性企业，最为重要的指标是具备持续高速成长的盈利能力，一般来说，科技含量较高的创业公司可能具备此种能力。因此，提高企业的科技含量，使企业具备高成长性，是企业争取上市融资的有力手段。

第二，虽然从理论上看，新创企业可以选择的海外上市渠道较多，但实际上纽约股票交易市场和纳斯达克股票交易市场对于企业的资质、潜力等要求较高，一般每年能到这两个市场上市的企业数目都非常有限。因此，真正对于国内创业者具备较强现实意义的选择是到我国香港或新加坡上市。这两个市场同处东亚经济圈内，具备较强的亚洲文化背景，企业在上市中所遇到的问题也较容易解决。

第三，到海外上市，不仅要看企业的发展潜力和盈利能力，对于企业经营的规范、透明以及治理结构的完善等方面更是提出了很多要求。因此，创业者必须在这些方面倾注更多精力，积极寻求与券商和律师等中介服务机构的合作，尽快熟悉这些交易市场的运作规范，才有可能获得上市资质。当然，到海外上市本身也并不影响企业在内地上市，在海外上市往往能够赋予企业较好的公司形象，以及较为完善的治理机制，这些都有助于企业将来回到国内主板上市。

(九)内源融资

内源融资是指在企业内部通过保留盈余、定额负债形成，以及计提折旧等形式形成现金来源的融资活动。其中，保留盈余包括提取公积金和未分配利润形成的资金，是所有者向企业追加的一种投资；定额负债指的是根据现行财务结算程序的规定，保留在企业内部的一部分经常性的延期支付的款项，这笔款项可供企业稳定地使用，构成了企业流动资金的一项短期来源；计提折旧可将企业的固定资产转化为现金，从而使企业当期的现金流量增加。

内源融资的优势非常明显，创业者不需要直接向外界支付有关的融资成本和费用，因而财务成本小，也不存在支付危机，融资风险非常低。同时，内源融资是以企业的自有资金融资，所以企业在运用此渠道融资时具有较大的自主性，受外界的制约和影响较小。但是另一方面，由于受企业自身积累能力的影响，内源融资的融资规模也就受到较大限制。

根据这些特点，内源融资是企业取得发展资金的一条较为现实的融资渠道，为了更好地应用这一融资渠道，创业者应当从如下两个方面加强认识：

第一，企业内部资金是衡量自身融资能力的标准尺度，同时也是评价一个企业经营状况和经营政策成功与否的主要因素。因而，企业应从观念上对内源融资予以重视，并充分认识到企业资金内源化是一种必然趋势，从根本上提高企业的自我积累与内源融资能力。而内源融资能力的提升归根到底是与企业整体的发展以及经营制度的规范化不可分离的，只有立足于企业的长远发展，内源融资制度才是可持续的。

第二，企业应强化自我积累机制，用制度来完善自我积累能力。应通过建立健全企业内控制度、加强企业的财务控制，制定并贯彻有关利润分配、成本管理等制度，以规范企业管理机制。例如，可以建立企业的折旧提成制度和折旧基金使用制度，保证折旧基金真正用于企业再生产，同时可以在企业内部建立内部银行制度，提高企业资金使用效率，使企业不断创造的利润成为企业内源融资的源泉。

（十）商业信用融资

商业信用是指商品交易中以应付账款或预收账款进行购销活动而形成的一种借贷关系。商业信用作为企业之间的一种直接信用行为，它产生于商业交易中钱与货物在时间和空间上的分离，创业者可以利用这种商业信用来筹集资本，其运用的具体方式通常有 3 种——应付账款融资、应付票据融资和预收账款融资。其中，应付账款是企业在购买货物时暂时未付款而对卖方的欠款，通过延期付款的形式来弥补企业资金的暂时性不足，从而扩大销量，增强企业竞争力；应付票据是企业进行延期付款商品交易时开具的反映债权债务关系的票据，其借款成本相对较低，是企业筹集短期资金的有效形式；预收账款是指销货单位按照合同或协定，在支付货物之前向购货企业预先收取的部分或全部货款的信用形式，可以为企业免费筹集短期资本。

由于商业信用的载体是商品的购销行为，对筹资方的经营状况和企业风险没有严格的要求，同时也无须办理银行借款那样复杂的手续，因此可以比较容易获得，特别有利于企业应对生产经营急需。运用商业信用融资，企业能够根据需要，灵活选择决定筹资的金额大小和期限长短。尽管如此，创业者在认识到商业信用融资给企业筹资带来便利的同时，还应清醒头脑，充分认清商业信用贷款存在的种种弊端。

第一，由于企业延期付款可能会造成企业信誉的恶化，因此企业都应尽力在信用期限内还款。由于信用期限一般都比较短，商业信用筹资还款的压力较大，这就对创业者的现金管理能力提出了很高的要求。

第二，商业信用筹资受外部环境影响较大。由于商业信用发生在买卖双方的商业行为中，因此商品市场上的供求状况是一个重要影响因素，当供大于求时，买方可能停止提供信用；当求大于供时，卖方则可能停止提供信用。同时，商业信用筹资还受资金市场的影响，当市场资金供应紧张或有更好投资方向时，筹资就可能遇到阻碍。

第三，商业信用筹资是建立在企业信誉之上的。现阶段，国内对于企业的信誉评价标准不规范，这就直接影响了商业信用融资方式的应用。同时，在法制不健全的情况下，一些企业滥用商业信用融资，最终资金无法按时偿还，不仅影响到企业的资金周转，对于商业信用融资制度的建设也是不利因素。

第三节　创业企业不同发展阶段的融资决策

创业企业的资金需求量和所采取的融资方式与其所处的发展阶段有着非常密切的关系。创业过程对资金的需求是不断变化的，这也就决定了其多轮融资的特性。这里所说的创业过程是指创业准备期、初创期、成长期和成熟期这 4 个阶段。相关研究指出各种融资源有不同的偏好和做法，包括他们将提供多少资金、在企业发展的哪个阶段投资、资本成本和他们寻求的预期年回报率等。处于不同发展阶段和成长率不同的公司，其可利用的融资源变化很大，并且在全国不同地方也有差异。例如，许多股权融资源在公司还没有超越早期成长阶段时是不会向公司提供资金的。而那些向处于早期发展阶段的公司提供资金的融资源，特别是个人投资、朋友以及其他非正式投资或者天使投资者，当公司能够继续成功发展时，却无法满足公司后期发展阶段的资金需求。

一、创业准备期

(一)资金需求与风险

在创业准备期，创业企业主要从事技术的研发、商业模式的思考、对未来市场和竞争情况以及未来回报情况的可行性分析，形成商业计划书。由于企业在该阶段可能还不具备相应的法人结构，对资金的需求主要体现在企业的开办费用、可行性研究费用、一定程度的技术开发费用。总体而言，这部分资金的需求量较少，但在此期间，只有费用没有收入，只有现金流出没有现金流入。由于一切都是未知数，不确定因素太多，风险最大，导致融资难度较大。

(二)融资方式

处于准备期的创业企业风险较大，且承担风险的能力有限。企业(或创业者)没有任何的销售收入，资金相对匮乏，主要依靠创业者自己或朋友亲戚的资金资助。政府资助(科技创新基金等)也是该阶段可以重点考虑的手段。

在资本市场化较为发达的国家，创业企业在准备期的融资方式除了上述靠自有资金提供外，存在着投资天使和非正式投资者。在美国，投资天使和非正式投资者一般在一家企业中投资1万～5万美元，这可能是新建公司最重要的资金源。

(三)融资决策

创业企业此阶段的价值主要体现在创业者的管理能力和技术能力，由于本期主要的资金为创业者自己承担，基本不存在股权问题。但是对股权的长期配比的规划必然是创业者在创业之初需要考虑的问题。

本期作为创业融资的重点时期，是企业长期发展的基础，它为今后的融资筹划提供蓝图。本期的融资筹划主要内容：在商业计划书中，对未来期间的现金流量情况做出充分预计，资金需求计划和融资机构分析，对未来增长机会和价值进行细致的估计。创业者需要根据未来预计的自由现金流的变化情况，确定资金的需求量和融资时机，力图长远考虑，将企业初创期和成长期的时段长度和资金需求量结合起来，选择好适当的风险投资机构或其他融资机构。在确立好融资筹划的主要内容后，开始与风险投资机构或银行进行接触，提前为以后的资金需求做准备。

二、初创期

（一）资金需求与风险分析

新企业创建后，创业者将开始从事组织的构建，产品和服务的实施，小批量产品或服务投放市场，策划一定的宣传和营销活动，建立销售渠道等工作。对于创业者而言，如果这时融资渠道受到堵塞，必然造成前功尽弃，所以初创期的创业融资筹划显得尤为重要。

企业刚刚开始运营，对资金的需求主要体现在企业的产品或服务开发及销售、生产运营和管理费用的投入、固定资产的投资、流动资金的保证等，资金需求通常较大。据统计，创业企业的科研、中试和生产所需资金之比大致为1∶5～10∶70～100。

在此期间，由于企业产品处于市场开拓阶段，市场占有率较低，相应的销售收入的现金回流非常有限；同时企业拥有的资产规模较小，无盈利记录和抵押担保能力，但资金的需要急迫、需求量较大，能否获得足够的资金以扩大市场占有率存在较大的不确定性。企业发展所蕴含的各种风险（市场风险、技术风险、资金风险、管理风险等）将在此期间集中体现出来，而企业抵御风险的能力则较低。

(二)融资方式

新创企业由于缺乏经营历史,业务记录有限,投资机构在评估所投资企业时倍感困难,传统的投资机构和金融机构对其提供资金的难度大;可以考虑企业间的商业信用,风险投资机构也是其选择的方式之一。

初创期的创业企业价值更多情况下体现在未来发展机会的价值上。产品或服务的上市使得市场的不确定因素减少,增加了未来盈利的可能性。其中,对于知识产权等无形资产的价值认定,也关系到融资进程和结果。但是,企业未来发展仍然存在诸多不确定因素,融资同样缺乏相应的资产抵押等作为保证,未来的现金流不能准确预计,投、融资双方对企业的价值很多情况下分歧较大,这也表现在对股权比例的争夺异常激烈。因此,做好合理的企业价值评估至关重要。

(三)融资决策

创业者根据企业的发展情况和市场实际情况修订相应的商业计划书,实施融资规划。融资决策的主要内容:修正商业计划书,充实相应的企业战略规划;完善企业营销策略,合理规划未来销售收入和现金流量,确定本轮融资的具体事宜和下轮及多轮融资的筹划方案。融资实施的重点将关注股权的配比问题和相关合约的法律程序和风险。

三、成长期

(一)资金需求与风险分析

经历了初创期的发展,企业的经营能力逐步加强,产品和服务日渐得到市场的认可,销售增长开始加速,创业企业开始实现规模运营,加大营销力度,扩大市场份额和规模,这些正是成长期的发展重点。

在这个时期里,对资金的需求主要体现在企业的规模营运资金、扩大固定资产投资、增大营销投入等。企业产品和服务的销售收入增长迅速，赢利水平逐步扩大，未来的情况日趋明朗；但同时销售收入、现金流量极不稳定，要使企业产品或服务趋于成熟并得到消费者的认可还需要投入大量资金，因而其对资金需求也相应增大，技术和市场的不确定性和企业面临的风险仍然较大，但已逐步降低。

（二）融资方式

由于开始享有一定的商誉，拥有一定的可抵押资产或者关联企业的担保，在这个时期创业企业的融资渠道相对而言较为通畅。除了选择股权融资也可选择债务融资等方式，这可视企业的具体情况而定。风险投资仍然是企业可以选择的融资方式之一，企业的价值常常可以通过未来的现金流现值来确定，也可通过相关公开上市公司类比确定。

（三）融资决策

本期融资筹划主要是确定好企业未来的发展方式，以及企业规模和市场规模，作为融资筹划的根据。同时，由于组织和销售规模的扩大，流动资金的需求迅速增加，比例增大。这时由于企业处于高速增长和盈利阶段，商誉得到建立，可以有能力获得其他金融机构的支持，可以考虑短期贷款以补充流动资金。

四、成 熟 期

（一）资金需求与风险分析

这一阶段，企业产品或服务得到市场认可，销售收入和市场占有率稳步提高并趋于稳定，给企业带来了高额利润，企业生产能力经过一定时期的扩张也渐渐成熟稳定，生产经营活动的不确定性程度降低。

资本扩张成为这一时期企业发展的内在需要，因而融资规模的扩大成为此阶段融资需求的重要特征。从风险的角度看，随着资产规模的迅速扩大和技术开发的相对成熟,其面临的市场风险和技术风险大大降低,同时企业的盈利能力和抵押能力的迅速提高也增强了企业的抗风险能力。

(二)融资方式及具体内容

由于企业处于高利润阶段,产品的销售得到扩大,企业有了一定的商誉,有了可抵押的资产、丰富的信贷记录和较高的信息透明度,有能力获得金融机构的支持以及公开募集资金。融资渠道较为顺畅,可选择的方式很多。相对于创业初期和成长期来讲,商业信用和内源融资在该阶段企业的融资结构中的比重大大下降。

第五章 创业企业的组织形式与创业团队组建

第一节 创业企业的组织形式

现阶段，适合农村社会、经济发展的企业组织形式主要是各种类型的农村合作经济组织和有限责任公司。

一、农村合作经济组织

农村专业合作经济组织作为一种适用于现代农业的企业组织形式，它是由从事专业生产经营的农户在自愿互利的基础上组织起来，以增加农户收入为目的并为农业生产提供社会化服务的一种经济组织形式。许多大学生村官创业都采取了这种组织形式。例如，在北京市大兴区创业的村官陈墨和胡建党创立的爱农星食用菌专业合作社。其特点是：①它是农民根据自身的经济要求自主建立起来的，农民出入组织遵循自愿原则；②组织是一种新型企业，即劳动者联合约定共营企业，旨在增加农民收入；③组织主要是为成员提供农资和技术，传递信息，代表成员谈判，代理加工和销售产品等社会化服务。

专业合作经济组织根据服务功能和运行方式的不同可分为专业协会、专业合作社和股份合作企业。专业协会是从事专业生产的农民围绕某一专业产品的购销、技术服务、开展活动的社团性组织，不以盈利为目的；专业合作社是农民按照合作制原则通过入股方式建立的生产销售一体化的经济组织，对外追求盈利；股份合作企业是由从事专业生产的农民共同投资兴办的经济实体，组织以追求经营利润为目标。因此，合作经济是双面的：一是社员共同体，二是企业。

（一）设立农民专业合作经济组织的原则

合作社作为一种世界现象，在其长期发展的实践中，逐步形成了一套合作社运行所共同遵循的基本原则。这就是源于英国罗奇代尔公平先锋社提出的“行为规则与组织要点”原则基础上，为后来世界合作社运动发展所演变并最终得到公认的“合作社原则”。

1. 自愿与社员资格开放原则　合作社是人们自愿联合的组织，合作社作为“人的联合”包括加入基层合作社的“自然人”（个人）的联合和加入联合社等其他层次合作社的“法人”的联合。这种“人的联合”是自愿的，入社不能强迫。合作社坚持入社自愿、退社自由，合作社对所有能够利用合作社服务和愿意承担社员义务的人开放，没有性别、社会、种族、政治和宗教的歧视。

2. 民主控制原则　合作社是由社员管理的民主组织，合作社的方针和重大事项由社员积极参与决定。在合作社内，民主包含权利和责任两个方面。在合作社内发展民主精神是合作社永恒的任务。合作社选举产生的代表（含管理人员）都要对社员负责，因为合作社属于社员。社员管理合作社的民主形式，在基层合作社是实行社员一人一票的投票权，其他层次的合作社组织上也要实行民主管理，投票权由其章程规定。许多第二级、第三级合作社采取比例投票制度，以反映各成员社的不同规模与承诺，兼顾不同的利益。

3. 社员的经济参与原则　社员要公平地入股，并民主管理合作社的资本。但是，入股只是作为社员身份的一个条件，若分红则要受到限制。这就是说社员必须向他们的合作社投资，但合作社的宗旨是为社员服务，合作社的资本从属于这个宗旨，入股只是取得社员资格，获得合作社的服务、享受对社员优惠的条件，不是以获取股金分红为目的。因此，入股要采取公平的方式，如果实行股金分红，对分红额也要有所限制。合作社投资的最终决策权必须属于社员。合作盈余的分配，一是用于不可分割的公积金，以进一步发展合作社；二是按社员与合作社的交易量分红（惠顾分红）；三是用于社员（代表）大会决定的其他活动。社员既有权利又有义务决定合作社盈余如何分配。不可分割的公积金，是社员的集体成果，因此社员拥有其所有权。

4. 自治和独立原则 合作社是由社员管理的自主自助组织，合作社若与其他组织（包括政府）达成协议，或从其他渠道募集资金，必须做到保证社员民主管理，并保持合作社的自主性。世界上所有地方的合作社都受到其与政府关系的影响。政府通过立法、税收和其他经济、社会政策促进或阻碍合作社的发展，合作社必须同政府积极发展公开的、明确的关系，尽可能保持其独立于政府部门的自治组织的地位。同时，合作社无论同私营企业达成何种联合经营的协议，都必须充分保持合作社的独立性。

5. 教育、培训和信息服务原则 在合作社内部，合作社要为成员、选举的代表、经理和员工提供教育和培训，以更好地推动合作社发展。教育旨在灌输合作社思想，增长合作社知识和相关技能，以有效地履行其责任。在社会上，合作社要面向公众特别是年轻人和“舆论名流”，包括政治家、公务员、新闻媒体和教育界等。合作社是公共组织，要定期向社员、公众和政府提供其业务信息。社员有权获取合作社的信息，了解合作社的情况，以参与合作社的决策。合作社要鼓励其领导人与社员之间的有效的双向沟通，使合作社的服务更好地满足社员的经济与社会的需求。

6. 合作社之间的合作原则 合作社通过地方的、全国的、区域的和国际的合作社之间的合作，为社员提供最有效的服务，并促进合作社的发展。合作社要充分发挥其优势，必须加强合作社之间的合作，重视建立在合作社支持系统中的组织和活动。

7. 关心社区发展原则 合作社在满足社员需求的同时，要推动所在社区的持续发展，包括经济的、社会的、文化的发展和环境保护。这是合作社的社会责任和优良传统。但是，合作社以什么形式，用多大力量促进社区发展，要由社员决定。

(二)设立农民专业合作经济组织的程序

合作社具有组织资产的专用性，也就是说，合作社是为经济实力比较薄弱的群体寻求帮助的组织经。联合的目的是在私人产权的基础上，促进社员的经营和产业条件的改善，实现社员自身的经济利益。因而合作社的组建过程具有如下的重要特色：组建过程(手续)不能太复杂，不允许以筹措大规模启动资本为理由，筹建的费用不能太高(如公证费不能太高)；尽可能明确合作社的业务范围，以及对外代表合作社的法人资格等。一般的程序是，由合乎法律规定数量的发起人发起成立，制定合作社章程，召开社员大会，然后向法律规定的机关登记即可。具体程序如下：

1. 进行可行性分析 进行可行性分析是设立农民专业合作组织的基础。要对本地区、本行业农民群众专业合作的需求状况进行认真调查研究，确定所要设立的合作组织的经营范围。根据农业部下发的《农民专业合作社示范章程(试行)》(征求意见稿)的规定，各农民专业合作经济组织可根据实际情况，选择以下若干内容作为本组织的业务范围：提供本组织成员在生产和生活方面所需的资金；对成员进行技术指导和服务，引进新技术、新品种，举办技术培训、示范，开展技术交流，组织内外经济技术协作；采购和供应成员所需的生产资料和生活资料；从事农产品的运输、加工、贮藏和销售业务；对外签订合同，开展与经济部门、科研单位及其他经济组织的合作；向成员提供有关经济、技术信息；本组织需要的其他业务。

2. 明确发起人 发起人就是发起并创办农民专业合作经济组织的人。在农民专业合作经济组织的设立准备阶段，发起人对外代表设立中的组织。发起人可以是自然人，也可以是法人。包括龙头企业、社区合作经济组织、各级政府及其他经济组织。自然人作为发起人的，必须具备以下条件：坚持党的路线、方针、政策，政治素质好；在业务领域内有较大的影响力；未受剥夺政治权利和刑事处罚的；具有完全民事行为能力。

3. 起草农民专业合作经济组织章程和细则 合作社章程是一个合作社最重要的法律文件，是申请有关部门注册的主要文本。在农民专业合作经济组织的设立过程中，章程的制定是一项比较复杂的工作。章程的起草工作由发起人负责，合作社章程的主要内容包括：合作社所在场址，合作社目标，经营区域，营业期限，合作社的权利和限制，社员的权利义务及分配问题的原则规定。

与合作章程相比，合作社的组织细则的规定要详细和具体得多，是合作社经营管理的准则。它一般分几章、由若干条款组成，其主要内容包括：社员（取得或失去会员资格的条件，确定社员的权利和义务，股金或股票转让的限制）、社员大会（确定召集社员大会的条款）、董事和董事会领导（资格和任期）、董事的职责、董事会领导和经理的职责、执行委员会和其他委员会的职责、关于社员证书、关于成本经营与惠顾者资本（合作社收入的处理和分配）、关于合作社解散和社员财产等。按要求，细则的制定必须与相关法律保持一致，并在大多数社员同意下可以修改和补充。

4. 吸收社员 要按照国家的有关规定，本着自愿的原则，在本地区或者本行业吸收合作社社员。凡是认同本合作社章程、交纳入社股金的农户和农业生产经营组织都可以成为本合作社社员。

5. 召开成立大会 当社员人数和入社股金达到社章所规定的数额以后，就可以召开成立大会。由全体社员民主选举合作社的理事会、监事会，讨论通过合作社的各项规章制度。

6. 登记注册 依法进行登记，取得法人资格。

(三)国内农民专业合作经济组织的治理结构

农民专业合作经济组织的治理结构应主要由权力机构社员大会或者社员代表大会、理事会和监事会组成。

1. 社员大会或者社员代表大会　社员大会是合作社的最高权力机构。社员人数超过50人的,可以设置社员代表大会行使社员大会的职权。专业合作经济组织章程一般规定,社员代表大会的代表,由社员民主选举产生,代表人数不应少于社员人数的1/5,有每届任期的年限,并可连选连任。社员代表大会一般每年召开2次,遇有特殊情况可以提前或延期召开,如理事会认为必要时;监事会建议时;1/5以上社员或1/3以上社员代表提出。社员代表大会的召开,必须有2/3以上的代表出席,会议必须有半数以上代表通过方为有效。

社员代表大会制度是实现社员民主管理合作经济组织的重要的途径。社员代表集中全体社员的意志,行使合作经济组织的最高管理权限,一般社员代表大会具有以下职权:①通过或修改专业合作经济组织章程;②选举和罢免理事会、监事会成员;③审查和批准该组织的工作计划和业务经营上的重要事项;④审查和批准理事会和监事会的工作报告以及财务决策;⑤受理社员的提案;⑥审查和批准合作经济组织管理上的具体办法;⑦对职工的工作情况进行评议,决定留用或辞退;⑧讨论决定合作经济组织的合并、分立或解散等问题;⑨决定本组织其他重大事项。

社员代表大会闭会期间,社员代表应经常征集和反映社员对合作社经济组织经营管理方面的意见,协助合作经济组织管理机构搞好工作。

2. 理事会　理事会是在社员代表大会闭会期间的执行机构。理事会是由社员代表大会选举的若干理事组成。在理事会中推选主任1人,副主任若干人主持理事会工作。理事任期与社员代表大会届期相同,一般每届3年,可连选连任。理事会一般职责包括:①组织召开社员大会或社员代表大会;②贯彻执行政府的政策法令,社员(代表)大会的决议;③制定各项工作计划和措施,研究处理经营管理中的重要问题;④管理经营本合作组织资产;⑤决定本组织内部管理机构的设置,制定本组织具体管理制度;⑥任免和聘用合作经济组织的管理工作人员;⑦向社员代表大会报告工作、接受监事会的监督;⑧代表该合作经济组织与外界签订合同协议;⑨社员(代表)大会授予的其他事项。

理事会遵照民主集中原则,实行集体领导和个人分工负责相结合的原则。合作组织的重要问题需经理事会讨论决定,并经2/3以上理事同意方可形成决定,并由主任、副主任组织实施。理事会须有半数以上理事出席,决议须有参加会议半数以上理事通过方为有效。理事会开会时,应通知监事会监事列席会议。理事会成员应经常调查研究,听取社员和职工意见,把专业合作经济组织工作搞好。

3. 监事会 监事会由社员(代表)大会选举产生,是社员(代表)大会闭会期间的监察机构,监事会由主任、副主任、监事若干人组成,人数为1～3人,规模小的合作组织可由1名监事组成。一般任期与社员代表大会届期相同。理事会成员、财务人员及其近亲属不得担任监事会成员。监事会议由监事会主任召集,须有半数以上监事出席,决议须有参加会议半数以上的监事通过方为有效。

监事会的职责一般包括:①监督理事会对政府的方针、政策、社员代表大会决议的执行;②监督理事会对本组织章程和决议的执行情况;③监督本组织财务收支情况;④审查管理人员的违法乱纪行为,提交理事会处理;⑤向社员代表大会报告工作;⑥本组织章程规定的其他职权。

监事会成员向社员(代表)大会负责。监事会成员必须秉公办事,认真调查研究,监督保证专业合作经济组织工作的正常开展。

社员代表大会代表、理事会成员、监事会成员由社员直接选举产生和罢免。过半数社员投票，选举有效，候选人获得参加投票社员的过半数选票，始得当选。罢免社员代表大会代表、理事会成员、监事会成员须经社员过半数通过。农民专业合作经济组织必须有执行机构和监察机构，但是否采取理事会、监事会的形式，各地可因情况和条件不同而采取灵活形式。社员通过理事会、监事会的选举来达到间接管理、监督的目的。在社员大会和理事会、监事会上，每人只有一票表决权。这一民主管理制度是具有合作因素的专业合作经济组织作为人的结合体而非资本结合体的重要体现，它始终制约着这类组织的行为目标，即为社员生产提供优质服务。

二、有限责任公司

有限责任公司是指股东以其出资额为限对公司承担责任，公司以其全部资产对公司的债务承担责任的法人企业。在我国目前的企业登记规则下，大学生村官创业可以采取成立有限责任公司的组织形式。

(一)有限责任公司的设立条件

根据我国公司法第二十三条的规定，设立有限责任公司，应当具备下列条件：股东符合法定人数；股东出资达到法定资本最低限额；股东共同制定公司章程；有公司名称，建立符合有限责任公司要求的组织机构；有公司住所。依照本条规定，要设立有限责任公司，应当具备的条件包括以下几个方面：

1. 主体条件方面　是指股东必须符合法定资格及人数要件。

无论是有限责任公司还是股份公司，其股东都必须符合法定条件，具备法定资格。由于有限责任公司具有很强的“人合性”。因此，世界各国或地区的公司立法都对有限责任公司的股东人数做出限制，股东人数的限制能反映出公司股东之间彼此信任的特点。并且有限责任公司信用的基础除了资本以外，还有股东个人条件。公司对外进行经济活动时，主要依据的不是公司本身的资本或资产状况如何，而是股东个人的信用状况，公司的经营事项和财物账目无须对外公开，资本只能由全体股东自己认缴，不得向社会公开募集，股东的出资证明书不得自由流通转让，股东的出资转让也受到严格的限制，必须经其他股东同意，其他股东具有有限购买权等等。这种情况下，要求公司股东之间应有一定的了解，因此，人数不宜过多。我国有限责任公司股东的人数要件规定于公司法第二十四条："有限责任公司由 50 人以下股东出资设立"。由此可见，有限责任公司股东的法定人数是 50 人以下，如果超过 50 人(不包括 50 人)，则不能设立有限责任公司。这里值得一提的是，由于新公司法允许设立一人有限责任公司，因此关于有限责任公司股东人数的下限应为 1 名股东，这名股东可以是 1 名自然人股东，也可以是 1 名法人股东，一名股东设立的有限责任公司为一人有限责任公司。

2. 财产条件方面 股东出资必须达到法定资本最低限额，这是设立有限责任公司的出资条件。有限责任公司作为具有独立主体资格的法人，必须具备一定的财产条件作为其开展经营和承担责任的物质基础。有限公司的财产最初即来源于发起人认缴出资的总和。为了保证有限责任公司的财产能达到开展业务和从事经营所需的相应规模，同时也为了保证债权人的利益以及社会交易的安全性，防止滥设公司，各国或地区的公司法都要求有限责任公司在设立时的资本必须达到一个最低的限额。根据我国公司法第二十六条的规定，有限责任公司注册资本的最低限额为人民币 3 万元。法律、行政法规对有限责任公司注册资本的最低限额有较高规定的，从其规定。也就是说，有限责任公司设立时发起人认缴的资本总数应大于或等于 3 万元人民币，否则便不具备成立的条件。

3. 章程条件方面　股东共同制定公司章程这是设立有限责任公司的章程条件。有限责任公司的章程是记载有关公司组织和行为基本规则的文件。对于公司来说，章程是最为重要的自治规则，是对公司的存在与发展有着不可替代的重要意义的纲领性文件。根据公司法的要求，章程应当由有限责任公司的全体股东来共同制定，以使章程反映全体投资者的意志。而“共同制定”并不等同于共同起草，只要股东在章程上签字或者盖章，就表示同意了所签字或者盖章的文本，承认了该章程表达了自己的真实意思，就应当认为该章程是“共同制定”的。此外，公司法还对公司章程的记载事项予以了明确规定，即有限责任公司章程应当载明下列事项：公司名称和住所；公司经营范围；公司注册资本；股东的姓名或者名称；股东的出资方式、出资额和出资时间；公司的机构及其产生办法、职权、议事规则；公司法定代表人；股东会会议认为需要规定的其他事项。公司法所列举的前 7 个事项都属于绝对必要记载事项，也就是公司法规定的公司章程必须记载的事项。公司法对绝对必要记载事项的规定属于强制性规范，必须记载，不记载或者记载违法者，章程无效。其中关于出资时间的记载，是新公司法规定的分期缴纳资本制度的配套规定。至于第八项的记载规定，授权股东会自愿记载绝对必要记载事项以外的事项于公司章程，充分体现出对于公司自主经营的尊重。

4. 组织条件方面　有公司名称，建立符合有限责任公司要求的组织机构，这是设立有限责任公司的组织条件。公司名称是本公司与其他公司、企业相区别的文字符号。设立有限责任公司必须有公司名称，并应当在其名称中标明有限责任公司或有限公司字样，然后在公司登记机关作相应的登记。有限责任公司是通过公司的组织机构进行运作的，所以设立有限责任公司必须建立相应的符合有限责任公司要求的组织机构。依公司法的规定，有限责任公司的内部组织机构分为股东会、董事会和监事会等。其中，股东会由全体股东组成，是公司的权力机构；董事会对股东会负责；监事会由股东代表和适当比例的公司职工代表组成。另外，股东人数较少或规模较少的有限责任公司可以不设董事会，只设1名执行董事，也可以不设监事会，只设1～2名监事。

5. 住所条件方面 有公司住所是设立有限责任公司的住所条件。公司法修改之后，取消了原来关于设立有限责任公司必须具备“固定的生产经营场所和必要的生产经营条件”的限制，而只要求具备公司住所的条件即可，这实际上旨在降低公司设立的标准，另一方面也有利于一人公司制度的顺利执行。

(二)有限责任公司的设立程序

有限责任公司是一种封闭性的法人，其设立方式只能以发起设立为限，不得采用募集设立方式，所以相对于股份公司的设立而言，有限责任公司的设立程序比较简单，一般而言要经过以下步骤：

1. 订立公司章程 公司章程是公司设立的基本文件，只有严格按照法律要求订立公司章程，并报经主管机关批准后，章程才能生效，也才能继续进行公司设立的其他程序。

2. 申请公司名称预先核准 《公司登记管理条例》第17条规定：“设立公司应当申请名称预先核准。法律、行政法规或者国务院决定规定设立公司必须报经批准，或者公司经营范围中属于法律、行政法规或者国务院决定规定在登记前须经批准的项目的，应当在报送批准前办理公司名称预先核准，并以公司登记机关核准的公司名称报送批准。”采用公司名称的预先核准制，可以使公司的名称在申请设立登记之前就具有合法性、确定性，从而有利于公司设立登记程序的顺利进行。设立有限责任公司，由全体股东指定的代表或者共同委托的代理人向公司登记机关申请公司名称预先核准。申请名称预先核准，应当提交下列文件：①有限责任公司的全体股东或者股份有限公司的全体发起人签署的公司名称预先核准申请书；②全体股东或者发起人指定代表或者共同委托代理人的证明；③国家工商行政管理总局规定要求提交的其他文件。

3. 法律、行政法规规定需经有关部门审批的要进行报批，获得批准文件　一般来说，有限责任公司的设立只要不涉及法律、法规的特别要求，直接注册登记即可成立。但我国公司法第六条第二款规定，法律、行政法规规定设立公司必须报经批准的，应当在公司登记前依法办理批准手续。所以，对于法律、法规规定必须经过有关部门的批准才能设立公司的，应当向主管部门提出申请，获得批准文件。

4. 股东缴纳出资并经法定的验资机构验资后出具证明　有限责任公司除具有人合因素外，还具有一定的资合性，股东必须按照章程的规定，缴纳所认缴的出资。股东的出资还应当按照法律的规定，采取法定的出资形式，并经法定的验资机构出具验资证明。

5. 向公司登记机关申请设立登记　为了获得行政主管部门对其法律人格的认可，公司设立程序中一个必不可少的步骤，即是向公司登记机关申请设立登记。根据《公司登记管理条例》的规定，设立有限责任公司，应当由全体股东指定的代表或者共同委托的代理人向公司登记机关申请设立登记。设立国有独资公司，应当由国务院或者地方人民政府授权的本级人民政府国有资产监督管理机构作为申请人，申请设立登记。申请设立有限责任公司的，应当向公司登记机关提交下列文件：①公司法定代表人签署的设立登记申请书；②全体股东指定代表或者共同委托代理人的证明；③公司章程；④依法设立的验资机构出具的验资证明，法律、行政法规另有规定的除外；⑤股东首次出资是非货币财产的，应当在公司设立登记时提交已办理其财产权转移手续的证明文件；⑥股东的主体资格证明或者自然人身份证明；⑦载明公司董事、监事、经理的姓名、住所的文件以及有关委派、选举或者聘用的证明；⑧公司法定代表人任职文件和身份证明;⑨企业名称预先核准通知书;⑩公司住所证明。此外,还有国家工商行政管理总局规定要求提交的其他文件。法律、行政法规或者国务院决定规定设立有限责任公司必须报经批准的,还应当提交有关批准文件。

6. 登记发照 对于设立申请,登记机关应当依法进行审查。对于不符合公司法规定条件的,不予登记;对于符合公司法规定条件的,依法核准登记,发给营业执照。营业执照的签发日期为有限责任公司的成立日期。公司可以凭登记机关办发的营业执照申请开立银行账户、刻制公司印章、申请纳税登记等。只有获得了公司登记机关颁发的营业执照,公司设立的程序才结束。

根据我国《公司法》和《公司登记管理条例》的规定,设立有限责任公司的同时设立分公司,应当自决定做出之日起 30 日内向分公司所在地的公司登记机关申请登记;法律、行政法规或者国务院决定规定必须报经有关部门批准的,应当自批准之日起 30 日内向公司登记机关申请登记。分公司的公司登记机关准予登记的,发给《营业执照》。公司应当自分公司登记之日起 30 日内,持分公司的《营业执照》到公司登记机关办理备案。

(三)有限责任公司的组织机构

1. 股东会 有限责任公司股东会由全体股东组成,股东会是公司的权力机构,依照《公司法》行使职权。

股东会行使下列职权:①决定公司的经营方针和投资计划;②选举和更换董事,决定有关董事的报酬事项;③选举和更换由股东代表出任的监事,决定有关监事的报酬事项;④审议批准董事会的报告;⑤审议批准监事会或者监事的报告;⑥审议批准公司的年度财务预算方案、决算方案;⑦审议批准公司的利润分配方案和弥补亏损方案;⑧对公司增加或者减少注册资本,做出决议;⑨对发行公司债券做出决议;⑩对股东向股东以外的人转让出资做出决议。此外,还有对公司合并、分立、变更公司形式、解散和清算等事项做出决议；修改公司章程等职权。

股东会的议事方式和表决程序，除公司法有规定的以外，由公司章程规定。股东会对公司增加或者减少注册资本、分立、合并、解散或者变更公司形式作出决议，必须有代表 2/3 以上表决权的股东通过。公司可以修改章程。修改公司章程的决议，必须经代表 2/3 上表决权的股东通过。股东会会议由股东按照出资比例行使表决权。股东会的首次会议由出资最多的股东召集和主持，依照公司法规定行使职权。股东会会议分为定期会议和临时会议。定期会议应当按照公司章程的规定按时召开。代表 1/4 以上表决权的股东，1/3 以上董事，或者监事，可以提议召开临时会议。

有限责任公司设立董事会的，股东会会议由董事会召集，董事长主持，董事长因特殊原因不能履行职务时，由董事长指定的副董事长或者其他董事主持。召开股东会议，应当于会议召开 15 日以前通知全体股东。股东会应当对所议事项的决定作成会议记录，出席会议的股东应当在会议记录上签名。

2. 董事会　有限责任公司设董事会，其成员为 3～13 人。

董事会设董事长 1 人，可以设副董事长 1～2 人。董事长、副董事长的产生办法由公司章程规定。董事长为公司的法定代表人。

董事会对股东会负责，行使下列职权：①负责召集股东会，并向股东会报告工作；②执行股东会的决议；③决定公司的经营计划和投资方案；④制订公司的年度财务预算方案、决算方案；⑤制订公司的利润分配方案和弥补亏损方案；⑥制订公司增加或者减少注册资本的方案；⑦拟订公司合并、分立、变更公司形式、解散的方案；⑧决定公司内部管理机构的设置；⑨聘任或者解聘公司经理（总经理）（以下简称经理），根据经理的提名，聘任或者解聘公司副经理、财务负责人，决定其报酬事项；⑩制订公司的基本管理制度。

董事任期由公司章程规定，但每届任期不得超过 3 年。董事任期届满，连选可以连任。董事在任期届满前，股东会不得无故解除其职务。

董事会会议由董事长召集和主持；董事长因特殊原因不能履行职务时，由董事长指定副董事长或者其他董事召集和主持。1/3以上董事可以提议召开董事会会议。董事会的议事方式和表决程序，除公司法有规定的以外，由公司章程规定。召开董事会会议，应当于会议召开10日以前通知全体董事。董事会应当对所议事项的决定做成会议记录，出席会议的董事应当在会议记录上签名。

3. 经理 有限责任公司设经理，由董事会聘任或者解聘。经理对董事会负责，行使下列职权：①主持公司的生产经营管理工作，组织实施董事会决议；②组织实施公司年度经营计划和投资方案；③拟订公司内部管理机构设置方案；④拟订公司的基本管理制度；⑤制定公司的具体规章；⑥提请聘任或者解聘公司副经理、财务负责人；⑦聘任或者解聘除应由董事会聘任或者解聘以外的负责管理人员；⑧公司章程和董事会授予的其他职权。经理列席董事会会议。

4. 监事会 有限责任公司，经营规模较大的，设立监事会，其成员不得少于3人。监事会应在其组成人员中推选1名召集人。

监事会由股东代表和适当比例的公司职工代表组成，具体比例由公司章程规定。监事会中的职工代表由公司职工民主选举产生。有限责任公司，股东人数较少和规模较小的，可以设1～2名监事。董事、经理及财务负责人不得兼任监事。监事的任期每届为3年。监事任期届满，连选可以连任。

监事会或者监事行使下列职权：①检查公司财务；②对董事、经理执行公司职务时违反法律、法规或者公司章程的行为进行监督；③当董事和经理的行为损害公司的利益时，要求董事和经理予以纠正；④提议召开临时股东会；⑤公司章程规定的其他职权。

监事列席董事会会议。

第二节　创业团队的组建

团队在创业过程中具有重要的意义。美国的一项研究表明，83.3%的高成长企业是由团队建立的，团队创业型企业的成长性明显优于个人创业型企业。然而在我国根深蒂固的单打独斗思想在创业者中普遍存在，对于今天的大学生村官创业者而言，要推动所创事业快速发展取得创业成功，迫切需要以崭新的团队观念替代传统的个人创业观念。

创业活动的实施主体是创业者以及其所带领的创业团队，创业者和创业团队的素质、能力、个性等因素决定了创业过程的发展方向。在决定创业之前，创业者必须对自身的整体状况合理评价，对能够共同奋斗、共同创业的伙伴也要充分了解。只有这样，才能够充分发挥人对创业过程的推进力。本章主要探讨创业者以及创业团队的基本特征，虽然这些特征并非是所有的创业者身上都能看到的，但是结合本章内容思考创业活动的准备工作，至少能够为创业活动打下更为坚实的基础。

一、创业者

(一)创业者的概念

对于创业团队的分析从创业者本身开始，在本书讨论范畴中，创业者首先是一个企业的创始者，在创业团队中，核心创业者所起到的是一个创业领导者的作用。当然，在很多场合，创业者也可以理解为某一项事业的创造者。同时，创业者必须是创新先锋，创业的根本就是创新，如果只是延续前人已经成熟的经营模式，不能称其为“创业”，创业的活动必须有创新，必须创造新的价值和顾客。这就意味着创业者必须成为创新活动的领导者。

(二)创业者的风险

在决定创业之前,创业者首先遇到的问题是自己能否应对创业风险。创业者应当谨慎估量其所要面临的风险。无论是创建一个完全从零开始的企业,还是收购一家现成的企业,其中都面临巨大的风险。而且商机越诱人,其中的风险就越高。在创业过程中,创业者的风险主要有3个方面:

1. 资金风险 创业所需要的资金是非常庞大的,而在最需要资金的企业起步阶段,创业者吸收到外部资金的可能性也非常小,很多创业者不得不将自己的积蓄全部投入到创业活动中,甚至背负上沉重的债务。创业一旦失败,创业者前期所投资的资金就会全部付诸流水。这一风险是创业者在选择创业之前往往会首先顾及到的。如果下定决心创业,创业者应当在一定程度上确保自己能够承受这一风险。

2. 职业风险 部分创业者是刚刚走出校门的毕业生,他们在选择创业的时候,所顾虑的事务相对简单。事实上,相当一部分创业者在创业之前拥有稳定而收入丰裕的工作,对于这部分创业者来说,选择创业活动时,则要考虑到职业发展方面的风险,一旦创业失败,创业者可能难以回到原有的工作或者获得相似的优裕的工作岗位,这些顾虑都加大了创业风险。

3. 家庭和社会风险 在创业过程中,创业者的家庭以及周围的人都会受到不同程度的影响。当创业者为所创办企业投入大量的精力和时间的时候,部分创业者的家人可能难以继续支持创业者的工作。此时创业者就有可能面临家庭纠纷的问题,而创业者的朋友,因为创业者的整日忙碌而不能经常聚会,也会逐渐与其变得生疏。

在高度的风险之下,创业者会感到一定程度的压力。在这种变化和不确定的环境下,成功的创业者反而会更快成长起来。当然,创业者并不是赌徒。他们和大多数人一样,是适度风险承担者。在他们创业之前,经过了充分的考虑和仔细的估算。他们会采取各种措施和策略来避免一切不必要的风险,尽可能让事态的发展都如他们所愿。

(三)创业者的个性特征

除了在应对风险方面所体现出来的共性,很多学者从不同的角度分析了创业者的个性特征,这些特征非常繁多,而且其中很多不同的特征也存在着一定程度的争议——在很多学者所进行的实证研究中,对于创业者某些个性特征的研究出现了不一致的结果。这些情况都提醒我们必须从更深层次思考创业者的个性特征。本章将创业者的个性特征主要分为3个方面。

1. 对于个人事业的追求

(1)创业激情　创业者内心有一种自我驱动力,他们内心有一种强大的欲望去竞争,去超越别人,去追求和实现自己的目标。这种激情一般源自于以下3个方面:想成为自己的老板,追求自己的创意;获得财务回报。正由于创业者对于这几个方面的执著追求,因此他们才有无限的创业激情。正因为有这种激情,所以我们才能理解为什么部分创业者愿意舍弃安定的工作,去创建自己的企业,也才能够理解许多亿万富翁为什么在有了巨额资金后,还在不停工作的原因。

(2)主动性、独立性和责任感　创业意味着创业者不再选择被他人雇用的职业道路,而是希望能够通过自己的努力开拓一片全新的天空。在人们看来创业者一直是独立的、高度自我依赖的创新者。渴望独立是创业者的一大动力,他们喜欢尝试用自己的方式来完成工作。为了使自己的事业能够成功,创业者往往会寻求机会主动出击。他们能够勇于承担责任,喜欢主动去解决问题,并且充分展示出个人对问题的影响力。

(3)决心和毅力　在创业过程中,每一个创业者都会遇到众多的困难和挫折,很多人会知难而退,但是成功的创业者始终握有必胜的信念，保持决心和毅力，坚信自己能够战胜困难甚至是别人认为不可逾越的阻碍。这种心态可以在很大程度上帮助他们凝聚团队的战斗力，更快地找到解决问题的方案。当然，在他们用毅力和决心去攻克难关和障碍时，也不是盲目的有勇无谋。如果问题本身是无法解决的，他们也会很快抛弃。因此，在具有超常毅力的同时，他们会很现实地意识到什么能做到，什么不能做到，以及如何解决那些既困难又无法避免的问题。

2. 对于创新的追求

(1)善于抓住机遇　对于成熟企业的经营来说，企业的资源、结构或者战略可能更为重要，但是对于准备成立或者刚刚成立的企业来说，则更看重发展的机遇。因为前者需要实力，需要市场经营经验的积累，而这正是初出茅庐的创业者所缺乏的。相对而言，对机遇的把握则更需要创业者的判断分析能力，创业者把创新机遇——创业机会作为起点，通过对机遇的把握来规划企业的成长方案。因此，创业者首先是一个积极寻找机遇的探索者，他们对于机遇的寻找目标明确，尤其偏好于那些具备创新特色的机遇，只要遇到符合心中目标的机遇，就会大胆下手，抓住可能转瞬即逝的机遇。

(2)创造力和创新精神　创新是创业活动发展的动力之一。产品功能、技术、生产流程、商业模式等方面的创新都能够创造出巨大的价值。为了让创新在创业过程中的推动作用能够得以最大限度的发挥，创业者本身一般需要具备较强的创造力和创新精神，才能够引领整个企业追求创新、发扬创新。当然，创造力和创新精神并非天生的，很多人天生具备较强的创新精神，很多人可能先天的优势并不明显，但是通过积极参与创业活动，通过团队的运作方式和创意的交流，也能够逐步培育出创造力和创新精神。

(3)关注产品和顾客　由于创业的艰巨性，对于产品和顾客的关注尤为重要。这一关注事实上充分促进了创新活动的开展。创新并非盲目地改进产品，只有真正符合顾客需要的创新才有生命力。因此，对于产品和顾客的关注意味着创业者所选择的创新是真正以市场为导向的。为了知道产品是否满足顾客的需求，就要善于寻求产品的反馈信息。

通过有效地沟通，创业者可以判断出他们究竟需要怎么做，以及他们应该怎样改进和提高。同时，反馈也可以有效地帮助创业者从挫折和失误中吸取教训。通过这样一种高效的学习过程，创业者的创造力和创新精神也能够得到最大限度地提升。

3. 对创业失败的态度

(1)坚韧不拔，不会被失败打倒　创业的本质是对新事物的尝试，这一开发新事业的过程和科学家在实验室中经历的情形有点类似，实验会经历一次又一次的失败，在不断的失败中提炼经验，最终走向成功。同样，创业的失败率非常高，在走向成功之前，成功的创业者必定要经历反反复复的失败。创业者要懂得在失败中吸取教训。他们不会因挫折失败而沮丧，而是与挫折和困难作斗争，这是不断学习进步的过程。很多成功的创业者认为，从早期的失败中学到的东西比从早期成功中学到的更多。

(2)要有自信和乐观主义精神　在面对创业活动中的困难时，不仅仅是拥有坚韧不拔的精神就足够了，这仅仅帮助创业者自身应对困难和失败。创业需要团队，创业过程中大量的管理事务需要团队成员共同参与，由于企业人数少，企业基层员工的士气也对企业的发展有重要影响。创业者不仅自身能够果断坚决地应对困难，还应当能够充分感染、影响其他创业伙伴，带动他们一起克服困难。因此，创业者的自信心和乐观主义精神是整个创业团队乃至新创企业能够应对困难、跨越阻碍的基本保证，创业者的自信本质上就是创业团队自信的表现。

(3)足智多谋，有远见　一个企业会面临各种困难，遇到各种挫折，甚至是破产的危险，能够应对困难和失败不仅仅意味着在困难来临的时候承受困难，并且找出应对之策。作为一个优秀的创业者，应该能预测企业的前进方向，以及可能面临的困难，预先做好准备，未雨绸缪，将困难所造成的后果降低到最低程度。当然，这种敏锐的洞察力，通常是需要在了解企业的现状和未来并深刻研究分析后，才逐步形成的。

(四)对创业有害的性格特征

创业活动本身是动荡多变的，一些前面所讲的优秀的性格发展到极端也可能成为阻碍创业者发展的绊脚石。下面主要分析4种对创业有害的性格特征。

1. 过度的控制欲 一些创业者希望公司中的大小事情全部在自己的掌控中。这种过度的控制欲望会使得创业者希望控制一切，任何威胁到自己控制的因素都会视为异己，是对自己的侵犯，只愿意和按自己意愿的人一起办事。这样就会使得创业团队的存在成为创业者个人意志的放大，而不是集体智慧的整合，不利于团队的工作效率。因此，适当的控制欲对企业经营有好处，而过度的控制欲望会阻碍企业的发展。

2. 缺乏信任感 过度的不信任所带来的负面效应是非常巨大的。缺乏信任感的创业者会将注意力放在细枝末节上，而忽略了真正关系企业命运的大事。当然，对竞争者、客户、政府监管者和周围的环境都保持高度的警觉，在别人还没意识到时就采取行动是应该的。而当失去了对现实的把握，偏离理性和逻辑做出错误的判断就是缺乏信任感所带来的后果。

3. 对成功的追求超过一切 对成功的追求是创业者奋斗的动力之一。但是如果创业者全部的目标就是追求成功，并且希望让所有的人都知道他的成功，就会创建一些形象工程来见证自己的业绩，如修建庞大的办公楼、规模宏大的厂房、豪华的办公室等。在很多情况下，这些都是完全没有必要的，它们不仅浪费了企业的资源，而且甚至会严重破坏组织的文化和企业上下的凝聚力。所以，追求成功是创业的必要动力，而追求超越一切的成功则是创业的阻碍。

4. 不切实际的乐观　乐观主义的精神是创业者成功的良好性格之一，决定着创业者的成败。抱有乐观态度的创业者会使得创业伙伴即使在困难时期也能相信自己，并且一起奋斗。但是当创业者的自信和乐观超出了正常的范畴时，过分的自信就会使创业者把握不住现实、忽略市场趋势而沉溺于一切会好起来的自恋状态。在这种情况下，企业的发展是盲目的，而且很容易陷入绝境。

二、创业团队的构建

(一)创业团队的定义及其构成要素

所谓创业团队是指在创业初期(包括企业成立前和成立早期)，由一群才能互补、责任共担、愿为共同的创业目标而奋斗的人所组成的特殊群体。

一般而言，创业团队由四大要素组成：

1. 目标　目标是将人们的努力凝聚起来的重要因素，从本质上来说创业团队的根本目标都在于创造新价值。

2. 人员　任何计划的实施最终还是要落实到人的身上去。人作为知识的载体，所拥有的知识对创业团队的贡献程度将决定企业在市场中的命运。

3. 团队成员的角色分配　即明确各人在新创企业中担任的职务和承担的责任。

4. 创业计划　即制定成员在不同阶段分别要做哪些工作以及怎样做的指导计划。

(二)创业团队组建的基本原则

1. 目标明确合理原则　目标必须明确，这样才能使团队成员清楚地认识到共同的奋斗方向是什么。与此同时，目标也必须是合理的、切实可行的，这样才能真正达到激励的目的。

2. 互补原则　创业者之所以寻求团队合作，其目的就在于弥补创业目标与自身能力间差距。只有当团队成员相互间在知识、技能、经验等方面实现互补时，才有可能通过相互协作发挥出“1+1>2”的协同效应。

3. 精简高效原则　为了减少创业期的运作成本、最大比例地分享成果，创业团队人员构成应在保证企业能高效运作的前提下尽量精简。

4. 动态开放原则　创业过程是一个充满了不确定性的过程，团队中可能因为能力、观念等多种原因不断有人在离开，同时也有人在要求加入。因此，在组建创业团队时，应注意保持团队的动态性和开放性，使真正完美匹配的人员能被吸纳到创业团队中来。

(三)创业团队组建的主要影响因素

创业团队的组建受多种因素的影响，这些因素相互作用，共同影响着组建过程并进一步影响着团队建成后的运行效率。

1. 核心创业者　核心创业者的能力和作用是创业团队存在的必要基础。在创业团队的构建中，核心创业者需要承担的责任非常重大，需要考虑很多方面的问题：首先是团队的建立是否必要，创业活动中所涉及的事务凭自己一人之力能否完成；其次是创业者希望把企业建立成一个什么样的企业，这一定位涉及企业的发展方向以及相应的管理人员配置问题；第三是对创业者当前所拥有的专业技术、知识储备、以往业绩、关系网络和其他资源进行评价。如果创业者本身拥有较多的资源，显然他对于其他团队成员的依赖性就会有所下降。当然，实际中的创业者不可避免地会缺乏种种必要资源，这就需要创业者根据实际情况寻找特定的创业伙伴。

2. 创业机会　创业者对创业机会的认识决定了企业需要一个什么样的团队。一个简单的例子就是如果创业机会属于刚刚发展的行业，成长性非常良好，进入者也为数不多，创业者应当把主要的事务放在开拓市场方面，那么团队成员中就需要熟悉该行业的市场人员，他们能够在很大程度上减轻创业者的工作压力，推动市场开发的进程。因此，为了构建创业团队，创业者需要对创业机会的特点再次进行深入分析，进而选择需要与之匹配的创业伙伴。

3. 团队目标与价值观　共同的价值观、统一的目标是组建创业团队的前提，团队成员若不认可团队目标，就不可能全心全意为此目标的实现而与其他团队成员相互合作、共同奋斗。而不同的价值观将直接导致团队成员在创业过程中脱离团队，进而削弱创业团队作用的发挥。没有一致的目标和共同的价值观，创业团队即使组建起来，也无法形成有效发挥协同作用，缺乏战斗力。

4. 对团队成员的需求　与创业者志趣相投，并且对创业同样拥有热情的人群是最好的创业伙伴。除了这些个性方面的考虑之外，创业者还需要考察团队成员是否能够与自己形成优势互补。特别是当自身在某一方面确实存在不足时就要积极吸收外部资源来弥补空白，通过吸收创业团队成员来弥补自身劣势的方式是一种最为有效的能力提升渠道。当然，在考虑吸收团队成员时也应当慎重，注意所需要的知识或技能是否对创业活动至关重要，是具有一次性的特点还是具备重要的专用性特征。同时还要注意，如果确定需要某项特殊技能，那么对于此类创业团队成员的吸收越早越有利，越能够形成企业独特的竞争力。

5. 失败底线　任何创业活动不可能是一帆风顺的，当创业暂时失利时，团队成员能够在多大程度上继续坚守岗位，这也是创业者需要事先有所把握的。因为暂时失利的时候也正是企业生存与否的关键时刻，如果创业团队中有人此时萌生退意，将会在很大程度上打击创业团队的凝聚力，企业很可能产生分裂，甚至一蹶不振。因此，创业者不仅必须理性地认识到自己能够承受多大的失败的压力，同时还要了解全体创业人员的承受能力，及时做好沟通工作，防止出现可能的分歧与矛盾。

6. 外部环境 创业团队的生存和发展直接受到制度性环境、基础设施服务、经济环境、社会环境、市场环境、资源环境等多种外部要素的影响。这些外部环境要素从宏观上间接地影响着对创业团队组建类型的需求。

(四)创业团队的组建程序及其主要工作

创业团队的组建是一个相当复杂的过程,不同类型的创业项目所需的团队不一样,创建步骤也不完全相同。概括来讲,大致的组建程序如下。

创业团队组建的主要工作有以下几点:

1. 明确创业目标 创业团队的总目标就是要通过完成创业阶段的技术、市场、规划、组织、管理等各项工作,实现企业从无到有、从起步到成熟。总目标确定之后,为了推动团队最终实现创业目标,再将总目标加以分解,设定若干可行的、阶段性的子目标。

2. 制订创业计划 在确定了一个个阶段性子目标以及总目标之后,紧接着就要研究如何实现这些目标,这就需要制定周密的创业计划。创业计划是在对创业目标进行具体分解的基础上,以团队为整体来考虑的计划,创业计划确定了在不同的创业阶段需要完成的阶段性任务,通过逐步实现这些阶段性目标来最终实现创业目标。

3. 招募合适的人员 招募合适的人员也是创业团队组建最关键的一步。关于创业团队成员的招募,主要应考虑两个方面:一是考虑互补性,即考虑其能否与其他成员在能力或技术上形成互补。这种互补性形成既有助于强化团队成员间彼此的合作,又能保证整个团队的战斗力,更好地发挥团队的作用。一般而言,创业团队至少需要管理、技术和营销 3 个方面的人才。只有这 3 个方面的人才形成良好的沟通协作关系后,创业团队才可能实现稳定高效;二是考虑适度规模,适度的团队规模是保证团队高效运转的重要条件。团队成员太少则无法实现团队的功能和优势,而过多又可能会产生交流的障碍，团队很可能会分裂成许多较小的团体，进而大大削弱团队的凝聚力。一般认为，创业团队的规模控制在2～12人最佳。

4. 职权划分 为了保证团队成员执行创业计划、顺利开展各项工作，必须预先在团队内部进行职权的划分。创业团队的职权划分就是根据执行创业计划的需要，具体确定每个团队成员所要担负的职责以及相应所享有的权限。团队成员间职权的划分必须明确，既要避免职权的重叠和交叉，也要避免无人承担造成工作上的疏漏。此外，由于还处于创业过程中，面临的创业环境又是动态复杂的，不断会出现新的问题，团队成员可能不断出现更换，因此创业团队成员的职权也应根据需要不断地进行调整。

5. 构建创业团队制度体系 创业团队制度体系体现了创业团队对成员的控制和激励能力，主要包括团队的各种约束制度和各种激励制度。一方面，创业团队通过各种约束制度（主要包括纪律条例、组织条例、财务条例、保密条例等）指导其成员避免做出不利于团队发展的行为，实现对其行为进行有效地约束，保证团队的稳定秩序。另一方面，创业团队要实现高效运作需要有效的激励机制（主要包括利益分配方案、奖惩制度、考核标准和激励措施等），使团队成员看到随着创业目标的实现，其自身利益将会得到怎样的改变，从而达到充分调动成员的积极性、最大限度发挥团队成员作用的目的。要实现有效的激励首先就必须把成员的收益模式界定清楚，尤其是关于股权、奖惩等与团队成员利益密切相关的事宜。需要注意的是，创业团队的制度体系应以规范化的书面形式确定下来，以免带来不必要的混乱。

6. 团队的调整融合 完美组合的创业团队并非创业一开始就能建立起来的，很多时候在企业创立一定时间以后随着企业的发展逐步形成的。随着团队的运作，团队组建时在人员匹配、制度设计、职权划分等方面的不合理之处会逐渐暴露出来，这时就需要对团队进行调整融合。由于问题的暴露需要一个过程，因此团队调整融合也应是一个动态持续的过程。在完成了前面的工作步骤之后，团队调整融合工作专门针对运行中出现的问题不断地对前面的步骤进行调整直至满足实践需要为止。在进行团队调整融合的过程中，最为重要的是要保证团队成员间经常进行有效地沟通与协调，培养强化团队精神，提升团队士气。

以上是对创业团队的组建工作的大致总结。需要注意的是，这一组建过程并不是一个完全严格的顺序过程，即创业团队有时并不是严格按照此顺序一步一步地进行组建。事实上，很多创业团队的组建过程没有明确的步骤划分界限，如制度体系构建、团队的调整融合可能是贯穿于企业发展的整个过程之中。创业者在组建创业团队的时候应在上述基本原则的指导下，根据实际情况灵活加以运用。

三、创业团队的管理

(一)创业团队的管理原则

创业成长需要创业团队成员的共同努力，这就是说并不是简单地把几个成员聚在一起就行了，还需要对团队进行管理，才能够使团队效率充分发挥。创业团队管理首先需要注重几个重要原则：

1. 要有共同的价值观 企业建立之初不一定有很远大的成长目标，但是一定要有核心的企业价值观。企业核心价值观明确告诉企业上下什么是应该做的，什么是不该做的，对团队成员乃至普通员工起着一种非正式的控制系统的作用。核心价值观并非创业者简单的一两句话就能够树立起来的，创业者只有用自身的人格魅力，在创业中身体力行，倡导一种积极向上、奋力拼搏的创业精神，才能够形成被团队成员所共同认可的价值观。也只有如此，企业才能够吸引并留住有能力的关键性人才。

2. 注意对团队精神的培养 创业团队所共有的价值观直接

影响着团队精神的培养，团队精神又进一步影响企业发展。所谓团队精神就是指一种集体的英雄主义，在团队精神带领之下，集体利益与个人利益能够达到较高程度的一致性，创业团队成员以及企业员工之间能够互相帮助、相互合作，发挥出比每个单独成员的水平相加起来更高的水平。团队精神的建立不仅要靠共同的价值观，更要靠共同的创业目标。创业者应当把创业目标分解到每一个部门、每一位创业伙伴身上。在团队精神的带领之下，每一位创业伙伴都愿意努力工作以实现自己的目标，并且知道自己是在为企业作出贡献。

3. 要事先明确合作原则　很多创业者的创业伙伴都来自于身边的好友，在创业之前他们之间就拥有较多的信任，能够产生较强的共鸣，核心价值观和团队精神建设也比较容易。但是在具体的工作中，不能够让这种朋友情面影响到工作的推进。在准备合作时，创业者应当和创业伙伴签订一个正式的书面文件，把可能出现的争端以及解决方案都写入合作条款中，这样万一出现问题的时候可以以比较规范、双方都认可的方式协商解决。如果一开始没有做好准备，出现问题又由于朋友情面拉不下面子，只会使得问题越来越大，不仅对企业的发展是个致命打击，朋友之间的友谊也会受到很大破坏。

4. 明确团队成员职责　分工明晰是团队运行效率的保证。创业者首先要对自己的职责和权力十分明确，在此基础上设定各个团队成员的角色。每个人的职责应当权限分明，不存在重叠部分，也不能够将自己的义务和责任转移给其他人。职责分明的优点在于充分降低了创业活动给予创业者带来的压力，虽然创业活动事务繁多，但是通过分工的形式，有力地降低了具体管理工作的难度，也提升了管理工作的效率。同时，职责分工明确也正是企业内部规范管理制度的开端，为企业后期的规范化成长奠定基础。

5. 核心领导者敢于作决定和承担责任　创业团队的运行需

要围绕一个核心，这个核心就是初始创业者，也是创业团队的组织者，创业者要有足够的魄力来管理团队，在团队成员之间有不同意见的时候能做出自己的判断，选择具体的处理方案，尽可能达到公平、公正，增强团队的凝聚力。当然，在创业团队的发展出现问题时，创业者也应当能够主动承担责任，不能将责任推给其他团队成员。这是核心领导者威望以及领导魄力的表现。除了果断决策以及承担责任以外，创业者还应当坚持严于律己，全身心投入到工作中去，成为团队的表率。

6. 团队成员多为他人着想 团队工作是一个合作的过程，而不是简单的契约关系。合作意味着团队成员之间能够优势互补，协调发展。创业活动本身具有较大的不确定性，创业过程中的事务非常繁多，较一般的管理活动要更为艰巨。创业团队必须要以一个整体的面目来推进创业活动。既然要合作，就有个是否公平的问题。为他人着想的含义就是“己所不欲勿施于人”。事先为他人着想可以促进团队中成员之间更好地合作，而互相体谅、互相为他人着想的理念也为培养团队精神打好基础。

（二）创业团队的凝聚力

在创业团队的管理中，团队凝聚力是最重要的管理要素之一。前面所说的这几项管理原则，归根到底都是为了提升创业团队的凝聚力。高凝聚力团队具有以下几个特征：团队成员归属感强，愿意参加团队活动并承担团队工作中的相关责任，维护团队利益和荣誉，成员之间信息沟通快，相互的了解比较深刻，关系和谐，并具有民主气氛。

很多刚刚创立的企业在一段时间之后就会分裂，而且这种情况主要发生在企业初步得到发展的时期。在企业产生的初期，失败的可能非常高，创业团队成员都面临巨大的创业压力，在这种情况下，为了走出创业初期的困境，团队成员无论是主观上还是客观上都要团结在一起，同心同德，共同奋斗，不计较个人的得失，以企业的发展为最终目标。即使团队成员之间有矛盾，事实上也无暇顾及。但是随着企业度过生存阶段，获得初步的发展之后，原先所积累的一些问题就暴露出来了，并且对创业团队的凝聚力会造成不同程度的破坏，甚至导致创业团队分裂。总的来看，影响创业团队凝聚力的原因包括如下几个方面：

1. 变革所带来的分歧　在国内很多中小型企业中，在企业还很小的时候发展都较为稳定。但是当企业规模进一步扩大，特别是引进先进的、规范的管理技术之后，有一些成员适应不了这种变化，原来的一些敢拼敢干、吃苦耐劳、勇于做事的精神反而成了规范的大企业发展的阻力，在这种情况下，创业的团队容易走向解散。

2. 不同观念所带来的分歧　团队中成员之间的经营理念不同，团队的思想不统一，或者企业的目标和价值观与一些创业团队成员的价值观相冲突，这些都是导致团队走向分裂的原因之一。企业在由小变大，由集体企业走向规范化的大企业的过程中，这一分歧非常普遍。例如，部分创业伙伴可能觉得企业的发展差不多了，只要守住现有市场就可以，另一部分创业伙伴则可能追求更大更强的成长机会，这种分歧如果没有妥善解决，就会影响团队的凝聚力。

3. 性格差异所带来的分歧　部分创业团队成员之间的分歧是由于团队成员之间的性格、个性、兴趣的不合所导致的，这种分歧常常导致团队工作无法正常进展。这种情况主要是出现在由朋友、同事、同学、校友或亲戚合伙创业的团队中。这些人通常具有一些共同的特征，如相似的技术背景，这样会掩盖团员之间性格的差异和处理问题的不同态度，在创业之初组建创业团队的时候，由于追求团队的效率和企业的发展，这些方面的差异会被暂时掩盖。但是，在企业获得初步的发展之后，性格方面的差异就逐步暴露出来了，这种差异的积累甚至会引起团队成员价值观的分歧。

4. 利润分配方案所引起的矛盾　由于从小企业发展起来的大企业在成立之初没有明确的分配方案，但企业做大、利润变多时在分配方面就会出现矛盾。这种现象在民营企业中经常出现，这都是因为在最初设计团队合作方案时，考虑不周全或碍于面子的原因没有提出明确的分配方案。因此，在企业建立之初就应当明确分配方案，并且对未来可能发生的情况尽可能地考虑到位，使得利润分配方案能够真正成为企业成长的动力，而不是阻碍企业发展的障碍。

在企业的发展过程中，为了保持创业团队的凝聚力，创业者需要从如下几个方面入手：

第一，在组建创业团队的时候，就应当选择正确的创业伙伴，防止未来出现可能的分歧。核心创业者在选择团队成员的时候要对每位成员的特长和其擅长的方面进行分析，做到扬长避短，各司其职。有些成员是属于“主内”型的，有些成员是属于“主外”型的，应当予以准确的配置，以免出现工作责任与特征不匹配，影响团队成员的创业热情。除了对团队成员的素质和能力进行考察之外，还需要注意每个人的性格和看问题的角度，在选择团队成员时一定要选择那些有积极性、对工作有热情的成员，这会对企业的发展大有裨益。如果一个人的能力很强但是对创业没有热情，那么这种人并不是创业团队的最佳人选。

第二，在团队的运行过程中，要有特定的经营纲领和行为准则。在团队制定出创业的目标和方向时要不遗余力地去执行，而且创业者自己应当带头实施，才能形成良好的凝聚力。如果核心创业者自己首先对准则进行破坏，团队伙伴以及企业员工就会对准则产生反抗情绪。同时，在企业管理中，对于企业的财产、权力、增资、扩股、融资、人事安排和解散等与成员利益有关的事宜一定要做到有根有据，以备在将来出现纠纷或矛盾时做到有据可依。因为即使是在当时非常相互信任的合作者之间，由于种种原因也会出现理解不一致导致矛盾的情况。

第三，在出现矛盾或分歧的时候，应当着手妥善解决。团队成员在一起不可避免地要产生矛盾，创业者应当注意在成员之间建立起沟通的桥梁，有问题及时解决，有矛盾及时沟通，使每位成员朝向企业的远大目标发展。当团队成员把企业的目标和个人目标更好地整合在一起的时候，团队成员也愿意主动沟通，化解矛盾。

除此之外，创业者也要制定适合于创业团队的评估体系，使得各个团队成员的工作能够得到恰当评价。要注意的是，这里的评估体系要针对于团队而不能针对个人，其目的是明确团队成员要完成的工作，纠正行动上的偏差，培养团队成员的主人翁意识，鼓励团队成员提高能力并且最终促进团队的工作业绩。在制定评估体系的时候可以建设团队成员间的互评制度，可以采用成员间的互相沟通和讨论的方式进行，以反映每位成员对团队的贡献。同时，也可以邀请企业客户对团队成员进行测评，从客户的角度分析评价团队成员的工作状况。当然，无论是哪一种评估体系，公平、公正都是最基本的原则，也是更好地开展下一步工作的必要基础。

(三)创业团队的激励

如何合理激励创业团队是创业过程中的一个重要问题，关系到团队的运行效率以及企业的绩效发展。虽然很多人选择创业，或者加入一个创业团队以团队形式进行创业，在很大程度上是由于创业热情所激发，这种热情也许在最初创业的时候能够有效维持团队齐心协力，共同奋斗，但是往往难以长期保证创业者或创业团队成员的工作状态。要想激励人们持续努力工作，最根本的解决之道仍然是给予他们有吸引力而且公平合理的激励。而吸引力和公平度这两个方面都是影响创业团队成员工作满意度的重要因素。

创业者所制定的激励制度应当以激励团队中的成员的积极性为目标。激励制度贯穿于创业成长的整个过程中，通过对每个团队成员的有效激励，增强创业的活力，提升企业发展速度。同时，激励制度也要有足够的魅力留住团队中的人才。正如前文所述，虽然很多人愿意加入创业团队有种种的考虑因素，但是无论如何通过创业活动获取经济利益是其中比例最大的一个因素。因此，如果企业不能提供足够的激励，他们很可能会适时退出创业团队，另觅高枝，这对于创业活动的推进将是致命的。

当然，创业团队的报酬激励问题本身较为复杂，创业团队激励制度的复杂性一方面在于创业活动本身，创业活动的发展本身具备较大的起伏，在各个不同的发展阶段，企业的资源和实力都存在差异，需要根据不同发展阶段来分别制定激励制度。例如，在企业的早期阶段，由于发展水平不高，付给报酬的能力有限，创业者能提供的激励应当以长期激励为主，只有到企业发展到拥有足够实力的情况下，创业者才有足够的资源来支付一些货币形式的报酬。创业团队激励制度的复杂性还来自于不同团队成员之间的差异。通常，团队中的每个个体价值观不同，对报酬的理解就存在差异，有些人注重眼前的收益即资金或短期收益，而有些人却注重长远收益，或者一些非经济报酬，如得到培训的机会或者工作经验的积累等。这些不同的偏好使得创业者应当考虑更丰富多样的报酬方案，既保证公平公正又确保其针对性。

总体来看，没有一个固定的模式来回答创业团队的激励制度应当是怎样的。但是，创业者在制定创业团队的激励制度的时候，不妨遵循以下 6 个原则。

1. 团队目标和个人目标综合考虑 创业团队的激励制度是为了保证创业团队的运行效率，以实现创业团队的共同目标；同时，这一激励制度又是为了满足每一个团队成员的个体目标，以实现有效的激励作用。因此，在创业团队的激励制度上体现团队目标和个人目标的统一，不可厚此薄彼。为了提高团队工作效率而制定的报酬制度，如果没有考虑到每个团队成员的具体情况，那么这种报酬制度就无法持续运行下去；相反，如果只是一味地满足每个团队成员的要求，将会在报酬的公平公正性方面存在缺憾，进而影响团队的凝聚力。因此，应当综合考虑团队与个人的目标，协调彼此之间的关系得出最佳方案，这样的激励制度才是最有效的。

2. 积极分享创业财富　创业活动需要创业团队共同努力，共同推动。创业过程中的困难需要各个成员共同承担，那么创业所获得的财富也应当在各个成员中分享，每一个帮助企业创造财富的人都有资格也有权力分享创业的成果。通过“分享”这一个理念，每位团队成员都能够获得充分的动力来把企业做得更大，创造更多的利润。创业者应当认识到，只有当企业的整体财富和价值增加时，个人的收益才会增加，而当企业的总价值很少时，即使是自己完全独享也没有多少财富。因此，创业者应当积极激励创业团队共同把蛋糕做大。

3. 报酬制度的程序应当规范　不论采用哪一种激励制度，规范的制度是最基本的要求。这一制度能够使得每一位成员都能感觉到自己的付出能够平等地有所回报。规范的报酬制度并不意味着创业者把所有人的薪酬公布出来，供别人比较、评价。但是，创业者至少应当让每个人了解他为何拿到这些报酬，其依据是什么，有没有一套规范化、制度化的程序作为基础。这样，无论拿多拿少，团队成员都有充分的理由相信目前的报酬是公平的。

4. 具体的激励制度应当合理　虽然对于创业团队的激励制度目前还没有一个现成的模板可以直接套用，但是很多学者也都提到了一些激励方案中应当注意的要点：

第一，激励制度应当体现出团队成员工作的差异化，创业者应当根据对企业的贡献不同来建立报酬分配方案，这是从工作的投入角度来建立激励制度。

第二，激励制度应当反映团队成员工作业绩的差异化，一些做出很大贡献的创业伙伴，如果报酬得不到改善，就会影响到他的工作积极性甚至跳槽，这样势必会影响企业的稳定，因此这是从工作的产出角度建立激励制度。

第三，激励制度要具备灵活性，不能太僵硬，因为团队每个成员在不同的时期的贡献不会相同，而且企业中的人员也存在着流动性，所以激励制度应当留有改进和调整的余地。

5. 要结合企业发展状况制定激励制度 从根本上说，团队成员的激励制度还是取决于企业的发展和绩效。虽然企业在创立之初就初步确定了激励方案，但是由于企业发展状况必然与事先设想不同，在企业发展的整个周期内激励方案应不断调整。很多具体的报酬制度的实施取决于企业的发展程度。很多刚刚创立的企业对于现金的需求非常迫切，此时创业者就会把现金首先用于支持企业的发展，而不是用于发放奖金。只有等到企业发展到一定阶段之后，采用现金作为业绩报酬的形式才能普遍推广。

6. 股权分配应当慎重 很多创业者在吸收创业团队成员的时候，都会对这些成员给予一定的股权。股权激励的意义在于使得拥有者感到企业的一份是自己的，他就会有充分的动力来为企业服务，提升企业绩效，因此股权激励效果非常明显。但是，另一方面，股权的分配也会造成创业者手中持有的股权被稀释，也就是说，创业者对企业的整体控制权被团队成员所分摊。在创业初期，团队成员能够高度一致，保持充分凝聚力的情况下，股权的分配状况不会对企业发展造成太大影响；但是当企业发展到一定阶段之后，特别是企业可能进入变革期的时候，企业的控制权往往成为团队成员之间的争夺对象，如果团队成员之间已经出现了分歧，那么凭借着手中的股权，很有可能会导致企业的分裂，这些对于企业的发展都具有致命影响。因此，创业者对股权的分配应当较一般的激励制度更为慎重，只有那些对企业发展拥有不可代替的资源或能力的成员才能赋予股权，而赋予股权的数量也需要团队上下共同协商讨论。（注）

注：本章主要参考林嵩编著＜创业学：原理与实践＞上海财经大学出版社 65 页～81 页

第六章　创业企业的市场竞争策略

这一章，我们要通过对市场环境的分析，探讨创业企业在市场竞争当中可以采取的竞争策略。创业经营当中有很多学问值得大学生村官学习，人们常说："创业难，守业更难"，这两个难字体现在创业过程当中，就是创业企业的初创阶段如何站住脚的问题。如何选项目、如何筹集资金、如何面对市场竞争？面对市场要首先对市场环境进行分析，树立市场营销与市场导向的基本理念，市场营销是资本增值的保证，把握这个客观规律，才能在创业初始站稳脚跟。

第一节　创业企业的市场环境分析

一、环境对创业成功的意义及其影响力

创业环境是指创业过程中各种因素的组合。环境如何影响创业，其理论基础主要有两种，一种是资源依存理论，另一种是种群生态学理论。资源依存理论认为，由于组织不可能从内部生产所有的必要资源，所以任何一个企业组织都处于一种与环境因素相交易的关系。种群生态学理论是组织群落作为分析单位，通过检验企业的、特别是初创企业的"出生"和"死亡"率来研究进化和选择。创业环境应该是创业过程中多种因素的组合，这个组合包含3个维度，即社会经济条件、创业和管理技能、创业资金支持和非资金支持。国内创业环境的研究主要以资源依存理论为基础。

（一）创业环境研究的现实意义

创业环境研究是创业成功的重要前提。创业环境对创业成功

的作用可以用3个词语来概括:“指导”、“风险”、“支撑”。

第一,通过研究创业环境,以指导创业。创业可以被看成是一个开放的系统,创业活动和其所处的环境是相互作用、相互影响的。新企业获取资源以及在市场上竞争都离不开其所处的环境背景。通过对创业环境的研究,以了解创业环境为什么能影响创业活动,从而为创业者评估自己的创业能力和环境因素提供一定的理论参考。

第二,通过研究创业环境,以规避创业风险,提高创业的成功率。例如,近几年出现的高新技术企业,其创业成功率并不高。因此,通过对创业环境的研究,阐明创业环境是如何影响创业活动的,从而规避创业风险,提高创业的成功率。

另外,通过研究创业环境,以完善社会服务功能,建立有效的创业环境支撑体系。创业环境对创业的影响,最终表现在影响程度上。在创业的过程中,一部分企业崛起,更多的企业沉沦了。分析其深层次的原因,主要是创业环境对企业的影响程度。因此,正确评估创业环境的影响程度,以完善社会服务功能,从而建立有效的创业环境支持体系。

(二)创业环境研究对创业的影响力

创业环境研究对创业的影响力主要表现在创业机会识别、创业机会选择以及创业结果的差异3个方面。创业机会是指创业者可以利用的商业机会,这个机会应具有吸引力、持久性和适时性,并且可以识别。其次,创业环境影响创业机会的选择。创业环境的有利因素包括产业政策的导向、基础设施的完善、创业所需资源的易获得性等,这些都有利于创业企业的生存和发展。一般衡量创业的结果有全员创业活动指数(成年人中每百人参与创业活动的人数)、创业对经济的贡献水平和产业规模等指标。好和差的创业环境都能够创业,创业环境对经济的贡献水平、产业规模具有正相关关系。

综合以上分析可见创业环境对创业的影响是深远的,对初创业企业的生存和发展影响巨大。一般的,创业和管理技能以及创业的资金支持对创业机会影响较大,导致创业数量的差异和不同的创业类型;政府政策和规程、社会经济条件及创业的非资金支持,影响创业的过程和结果,良好的创业环境,会使更多的创业企业得以生存和发展。

二、创业环境研究的理论框架

环境是一个外延很大的抽象概念，通常在谈及环境时，首先提及的是环境要素，我们可把创业环境要素视为创业过程外部影响因素的集合。学者们把创业活动外部影响因素分为感性环境要素和理性环境要素。创业环境要素一般被划分成 9 个方面，即金融支持、政府政策、政府项目支持、教育与培训、研究开发转移、商业和专业基础设施、进入壁垒、有形基础设施、文化与社会规范。

创业环境理论框架一般包含 4 层含义,①创业企业战略目标在一定程度上决定创业资源需求;②依据创业资源需求分析，并比较现有资源与资源需求之间的差距，从环境中寻找弥补资源缺口的途径;③环境主体与环境要素存在一定的映射关系，环境要素所体现出对创业企业的影响是环境主体所提供功能的外在表现;④资源依附理论强调组织应去主动适应环境。环境对战略目标产生影响，也就是说创业企业应依据所处环境调整战略目标并创造适合自身需要的“和谐环境”。

(一)创业企业战略目标和创业资源需求

技术、资金、人才是创业企业必备的 3 种初始资源。创业企业必然对这 3 类初始资源有需求。菲弗尔和萨兰奇克在分析资源依附理论时认为,对组织的分析主要分为两个过程,第一个过程是首先确定组织的资源需要及需要的来源;第二个过程是寻求这种资源的获得途径。可以说,创业企业战略目标在一定程度上决定了企业的资源需求。

(二)创业企业资源需求与环境要素

资源依附理论强调组织与环境的关系,认为组织需从环境中获取必要的资源,组织的生存有赖于其获得资源的能力并且与关键资源的提供者保持良好的关系,是组织存在的基础。对于创业企业而言,我们可以把它看作一个组织,创业企业需从外部环境中获取其所需要的创业资源。从系统的角度来看,外部环境必须具备以下两个基本条件:①能供给这些资源;②能够保障资源的获取。依此,我们把提供资源的环境称为直接匹配环境要素;把保障资源获取的环境称为间接匹配环境要素,这两类环境相辅相成,共同作用于创业企业。

(三)环境要素与环境主体

创业环境要素是创业过程外部影响因素的集合,而创业环境主体是创业环境的承载者,环境要素所体现出对创业企业的影响是环境主体所提供功能的外在表现。有些学者在相关研究中谈及主体问题,如 Stinchcombe 在研究中认为科技型企业存活率的限制与企业初始资源匮乏以及企业与外部提供这些资源的主体之间联结弱化有关。Annika 通过对区域创新系统的评价,研究了新创企业的资源需求、提供资源的主体(科研机构、金融机构、关联企业和中介机构等)以及这些主体的功能。认为提供资源的主体通过自身的功能及功能之间的关系为新创企业提供所需的资源,促进了创业企业的形成。

(四)创业环境对战略目标的影响

创业企业战略目标的设计对企业资源需求产生影响,保障创业企业所需资源的获取需要培育一个良好的外部环境。但是在一定时期内既定的外部环境中,创业企业应及时调整自身战略目标,主动地去适应环境,也就是说创业企业应依据现有环境调整战略目标,并创造适合自身需要的和谐环境。

三、创业企业市场环境影响因素分析

依据系统理论的整体性，我们将创业环境分为内部创业环境与外部创业环境，内部创业环境是可以控制的，而外部创业环境是不可控制的。同时，外部创业环境本身也是一个系统，依据系统的层次性特征，将外部创业环境系统分为3个层次：宏观环境子系统（或称社会环境子系统）、市场环境子系统和自然环境子系统。依据系统理论，我们认为创业环境是由内部创业环境、宏观环境、市场环境与自然环境4个子系统构成。

市场环境是指影响产品生产和销售的一系列外部因素。这些因素与创业企业市场营销活动密切相关。首先，企业根据这些因素来分析市场需求，以此组织生产，产品才能适销对路；其次，企业只有从市场环境中取得各种原料的供应才能进行生产；最后，产品生产出来后，还要通过外部各种渠道才能到达用户手中。所以，市场环境是创业企业进行生产经营的客观条件。市场环境通常有6个方面的因素。

（一）人口因素

人是构成市场的首要因素，哪里有人，哪里就产生消费需求，哪里就会形成市场。人口因素涉及人口总量、地理分布、年龄结构、性别构成、人口素质等诸多方面，处于不同年龄段的人、处于不同地区的人消费就不同。以食品消费来说，我国就有南甜北咸东辣西酸的习惯。随着我国城乡居民收入水平的提高，人们对农产品提出了更高的要求，绿色食品、保健食品备受青睐。企业在生产中一定要考虑这些变化，按照需求来安排生产。

（二）经济因素

它是指一个国家或地区的消费者收入、消费者支出、物价水平、消费信贷及居民储蓄、货源供应情况等。在市场经济条件下，产品交换是以货币为媒介的，因此购买力的大小直接影响到人们对产品的需求。在分析经济因素时，应注意多方面考虑各阶层收入的差异性，人们消费结构受价格影响的程度，分析老百姓储蓄的动机等。此外，从整个国家看，整体经济形势对市场的影响也很大。经济增长时期，市场会扩大；相反，经济停滞时，市场会萎缩。

（三）竞争因素

竞争是市场经济的基本规律，竞争可以使企业不断改进技术、提高质量、降低成本，在市场中处于有利地位。竞争是一种外在压力，企业在市场中要敢于竞争、善于竞争。竞争涉及许多方面，如竞争者的数量、产品质量、价格、销售渠道与方式、售后服务等。在经营中，应将竞争对手排队分类，找出影响自己的主要对手，并针锋相对地采取什么对策来对付竞争，力争在竞争中获胜。从长远看，要不断调整竞争策略，如你无我有，你有我廉，你廉我优等。

（四）技术因素

科学技术是第一生产力，技术发展对企业有重大影响，它可能给企业提供有力机会，也可能给企业造成威胁。事实已证明，我国农业的发展很大程度依赖于技术进步。先进的耕作技术，优良品种和高效化肥都是科技进步的结果。地膜覆盖技术与暖室大棚的推广应用使得一年四季都能进行蔬菜生产，解决了蔬菜常年均衡供应问题，使淡季不淡。在科学技术飞速发展的时代，谁拥有了技术，谁就占领了市场。

（五）政治因素

指国家、政府和社会团体通过计划手段、行政手段、法律手段和舆论手段来管理和影响经济。其主要目的有三：①保护竞争，防止不公平竞争；②保护消费者一定的权益，避免上当受骗；③保护社会利益。因此，企业必须服从国家管理、遵守法律，在法律规定的范围内活动，合法经营。不可否认，有部分企业因法律意识淡薄，生产经营一些假冒伪劣产品，这种行为严重损害了消费者利益，为国家法律所不容，最终遭殃的还是自己，应引起足够的重视，以求长远发展。

(六)文化因素

不同文化水平的阶层有不同的需求,因此不同文化环境也是企业经营中必须注意的方面。文化因素涉及风俗习惯、社会风尚、宗教信仰、文化教育、价值观等。

四、开展必要的创业企业市场调查

(一)开展市场环境、产品以及市场需求、供给和价格的调查

市场环境包括宏观环境和微观环境。宏观环境主要包括人口环境、经济环境、技术环境、政治法律环境和文化环境等内容。宏观环境因素不一定对企业发生直接作用,但是对于市场供给与需求却有长远的影响。微观环境与企业的营销活动有直接的关系,包括供应者、营销中介、顾客、竞争者和公众。

产品是交易的对象和连接供求的纽带。消费者需求的满足是通过提供适当产品来实现的。只有向市场提供适销对路、价格合理、购买方便的产品,交易才能顺利进行。企业应通过市场调查,了解消费者对产品质量、包装、价格、消费形式等方面的需求意向及变化趋势,由此为开发新产品及改造老产品提供依据。

需求调查可以从整个市场的角度了解不同地域或地区对本企业产品或相关产品的消费需求品类与结构、消费偏好、购买能力、需求数量和购买与消费习惯等。

供给调查主要是对现实和潜在的产品交易竞争者的调查。现实竞争者主要是与自己提供同类产品,并在相同区域正在争夺市场份额的生产经营者。而潜在竞争者主要是指向市场提供着与自己计划提供的产品相同或类似产品的生产经营者,或正在自己计划进入的销售区域销售相同或类似产品的生产经营者。对竞争者的调查主要了解对方生产经营的优势与不足,他们向市场提供产品的质量与数量、定价水平、销售渠道和促销手段、目标顾客的消

费特点与需求意向等。通过调查做到知己知彼，结合需求调查，从而找出市场上有哪些没有被满足的需求，在哪些产品或销售地区因产品供给过剩或供给与需求不吻合而使市场竞争比较激烈等。进而结合自己的生产经营能力、优势和不足，扬长避短地确定自身在市场中现实的和潜在的营销空间。例如，江苏省如皋市出现了一批大学生村官"创业之星"，他们根据市场需求和竞争状况，选择创业项目，获得了良好的效益。

价格调查在关注现实价格水平和特点的同时，主要是结合供给与需求趋势来判断价格变动趋势，一般规律是：产品供不应求，价格呈上升趋势；供过于求，价格则呈下降趋势；价格调查中，对特定产品来说不可忽视的是了解消费者对现有价格的满意程度和可接受的价格水平，这对制定适宜的价格策略是必不可少的。

(二)市场调查的主要方法

实际中的市场调查，按信息资料的收集方法，主要可分为案头调查法和实地调查法两大类别；按调查对象的选择范围又可分为全面调查与非全面调查两种。

1. 案头调查法 案头调查又称为二手资料调查或文献调查，指查寻与调查项目有关资料的过程，这些资料虽是他人为其他目的而收集整理的，但能够用于当前的调查项目。其中，有些是公开的或商业化出售的外部资料；有些属于企业或经营者的内部资料，如销售记录、产品流向记录、顾客意见记录等。

案头调查可以在短时间内以最低的成本获得大量的信息，它为调查人员提供了一个宏观的信息框架。即使有必要进行实地调查，事先的案头调查也是必不可少的。宏观的信息框架可以使实地调查的目标更加明确，从而节省时间和调查费用。

案头调查的关键是发现并确定二手资料的来源。二手资料的来源很多，归纳起来主要有企业或经营者内部资料、政府资料、公开出版物及各种媒体等。

2. 实地调查法　二手资料通常只作为参考使用，实际经营决策在很多情况下需依靠经过实地调查来获得的第一手资料。如目标顾客对经营者提供产品的了解和认识程度、购买意图、消费偏好等内容。

实地调查指由经营者亲自（也可委派人员）调查或委托专门的调查机构调查，通过口头和书面的沟通以及观察等方式来收集、整理并分析第一手资料的过程。第一手资料的最大特点是真实可靠、针对性和时效性强，获取资料的过程是可控的。但相对案头调查而言，实地调查的花费高、涉及面窄，所以采用这种方法收集信息时应考虑是否能承担得起成本，由此带来的收益可否大于调查成本，而且要认真规划，与案头调查紧密相结合。

常用的实地调查方式有：询问调查法、观察调查法和实验调查法。

(1)**询问调查法**　是指调查者以口头或书面形式，通过询问的方式直接向被调查人提出问题，并以所得到的答复为调查结果的市场信息收集方法。这是最常见和最广泛采用的一种调查方法。调查者可以走访被调查者，也可以利用函件、电话询问、小组座谈和问卷调查等方式获得资料。询问法一般请求调查者回答有关调查问题的事实、意见和原因。例如，询问了解产品的实际购买和使用情况，征询用户对产品品种、质量、价格、购买地点等方面的意见，收集用户改变产品需求的原因和购买动机等。询问调查比较灵活、直接，资料的真实性较高。但函件调查资料的回收率较低，电话调查又不易使问题得到进一步分析。所以，询问调查一定要选择好被调查的对象。

①个人访谈：个人访谈是指调查人员对个人进行单独访问，由调查人员引导被访者就某一问题按照事先拟好的访谈提纲发表意见。这种方式十分灵活，易于操作，被访者的观点不会受到其他人的影响。

②座谈会：座谈会是指由众多与调查问题相关的人员会集在一起，在调查人员的主持下对某一问题展开讨论。座谈会可以在一般的会议室进行，也可以安排在专用观察室，装备好录音录像设备，记录座谈内容。座谈会在短时间内广泛收集众人的意见，但被访者意见的独立性容易受到在场的其他被访者的影响。

以上两种方式也可通过电话或网络的方式进行。另外，也可以借助一定的辅助手段，如事先安排被访者观看一段录像，或者提供一定的产品或设定一种场景，召开现场使用测试及展示会，安排被访人员到现场观察或试用被测的产品，然后再自由讨论，提出各自的意见和看法。

③德尔菲意见调查：它是指召集企业内部和外部的专家（包括与企业生产经营相关的管理者和各级政府相关工作的管理者）组成专家组，用以收集专家的意见。专家之间通常通过邮寄或网络的方式进行沟通，由他们就某个问题，如产品开发、市场开拓等，不记名地提出各自的观点。组织者将他们的意见汇总之后，再次进行交换。这一过程可以继续重复下去，直到达成比较一致的意见为止。

④问卷调查法：问卷调查是系统收集第一手资料最普遍使用的方法，它由一系列的问题组成问卷，目的是从被调查者那里获得答案。为了获得理想的资料，问卷必须经过精心设计，否则就可能导致大量的错误和无用数据，不仅造成资源的浪费，而且可能对决策产生误导作用。为了确保问卷的效果，在展开正式调查之前，有必要对问卷进行全面的检查和测试。

一份优秀的问卷能够切实调动被调查者提供完整和准确的信息。因此，不应把调查问卷看作是一个孤立的工具，围绕问卷还有许多其他方面的内容，如精心安排的现场操作，给予被调查者一定物质奖励，选择合适的与被调查者的沟通方式，这些都是问卷过程的有机组成部分。问卷设计通常要经历如下的步骤：确定需要收集的信息；决定被调查者的选择范围和方式；说明问卷目的及奖励措施；决定问题的形式（如单项或多项选择题、自由回答的问题等）；决定提问的内容和表述方式；安排问题的先后顺序；决定问卷的具体格式（如式样、颜色、字体等）；决定与被调查者沟通的途径（如电话、邮寄、电子邮件、在线网络等）；测试和修改问卷；正式发放并回答问卷。

问卷可以由被访者自助完成，即将调查表或问卷送到被调查者手中，或放在被访者可能逗留的地方，如产品销售场所、柜台等。这种数据收集方法费用较小，但反馈率很低，一般不到20%。问卷也可由访问员面对面或通过电话征求意见等方式督促完成。

(2)观察调查法　观察法是调查者亲临场所从旁观察并记录被调查者的行为的一种方法。观察者并不是事先告诉被调查者，也不直接向被调查者提出问题，而是直接观察事实，或通过仪器进行记录，判别被调查者在某种情况下的行为、反应。调查者可以利用各种场所进行观察，如在超市、集贸市场、社区、饭店等相关地点观察不同年龄与性别、不同职业和文化程度、甚至不同民族和国籍的消费者的购买偏好、消费行为和习惯等。例如，调查者可以随机抽取10个产品销售单位或场所，暗中观察顾客在挑选某产品过程中的反应。为了获得真实的信息，应确保被观察对象能够表现自然，没有心理上的拘束，因此大多数情况下，观察法应避免让被观察对象知道自己的身份。应用观察法要特别注意不要侵犯观察对象的隐私。观察法的独特优势在于，它可以获得人们不情愿或无法提供的信息，如了解消费者对某种农产品价格的反应，可以通过雇用多名观察员，专门以普通消费者的身份深入到产品销售的各种相关场所，观察消费者购物时询价或购买时对价格水平的反应等。

观察法大多用于单一项目调查，如消费者购买习惯、竞争者生产经营现状、市场供给状况等。观察法可客观地记录实际发生的情况，具有较高的准确性。但它无法解释现象发生的原因和行为动机，且获得信息的速度较缓慢。所以，调查人员通常将它与其他方法结合使用。

(3)实验调查法　实验调查法是为了探求事物的前因后果关系而使用的信息收集方法。这种方法需要选定实验对象，设定对照标准，控制实验环境，排除其他的干扰因素。如研究某种产品更换包装会对产品销售量产生什么影响，就可以通过观察更换后的包装与原包装在销售量上的变化来测定。这种方式一般要求针对单一的因素进行测试，而将其他相关因素保持不变。例如，为了测定一种产品在不同销售地点对销量的影响，可以将产品在不同销售点的价格、品种等因素与其他店面保持一致，观察其销售额的区别，由此决定适宜的销售渠道。实验调查法的范围很广，如某种商品在改变品种、质量、包装、价格、商标时，都可以先行试验，以了解消费者与市场的反应。我们平常所见到的试销、展销就是商品销售的实验。

(4)全面调查法　全面调查法又称普查法，是指对调查对象所包括的全部单位，毫无遗漏地逐一进行调查统计，搜集相关信息。显然，这种方法的优点是搜集的信息全面、细致，但缺点是工作量大，耗费的人财物力太多且时间过长。因此，它一般仅适用于国家或大型行业组织举行的调研活动，最典型的是人口普查。对于农村中小企业来说，如果调查对象为数不多，也可考虑使用这种方法。

(5)非全面调查法　它是指在调查对象中仅选取一部分进行调查，以获得反映调查对象整体特性的相关信息。这种方法可节省人力、物力、财力和时间。非全面调查可以考虑以下两种：

①典型调查：即在对调查对象进行全面分析的基础上，有目的、有计划地选择几个具有代表性的典型单位，进行系统而周密的调查研究。如通过对具有代表性的农户、公司、地区或用户的调

查，获得对整体生产、供应和需求情况的基本认识，了解市场的大体趋势。典型调查的好处是调查单位少，情报汇总快，信息比较准确，节省费用。它适于专业生产性比较强，且产品供应比较稳定的企业。

②抽样调查：就是从调查对象总体中随机或按一定的方式抽取一部分样本单位进行调查，以推算总体的状况，它可节约时间和调查费用，一般适用于一些调查对象涉及面广的调查项目。

最常用的抽样方法有随机抽取和定额取样两种。以对消费者调查为例，随机抽样的最好办法就是假设某一特定市场的所有消费者均在一列中，每 10 人为一组，研究员选取第十个消费者做访问，这样就保证了样本的随机性。定额取样是更为实际的做法，可以按一定标准把不同类型的样本对象分组，从不同组中分别选取特定的代表水平。

抽样调查的关键在于所抽到的样本和结果的代表性。理论上说，样本越多越具有代表性，但调查成本也越大。抽样调查的准确程度与所选调查对象的代表性和被调查人反映事实的真实程度有关。例如，从电话簿中选取对象就会把那些没安装电话或电话没被登记在册的消费者排除在外了；从光顾超市的顾客中选取样本，就把那些通过其他渠道购物的顾客排除在外了。同时，调查对象没有真实回答问题或在记录调查结果时发生疏漏也影响调查结果。这些是调查中要注意的。

第二节　市场细分与市场定位

一、市场细分

世界上任何一个地区或企业，无论他的资源和生产能力如何雄厚，其产品都不可能满足整个市场需求。更何况不同顾客对任何一种产品的需求都有差别。

市场细分就是把产品的总体市场按顾客需求的差异性分成若干个市场部分，每个市场部分（又称子市场）都是由一群具有相似特点、从而具有相似需求的个人或用户组成。这种将产品总体市场划分为若干个子市场的分类过程就是产品的市场细分。这里需要注意的是，市场细分，不是通过对产品分类来细分市场的，而是从顾客的角度，按顾客需求偏好的差别，求大同存小异，来细分市场的。

在市场竞争中，经常可以看到同类商品可能在不同的地方出售，吸引不同的购买者的现象。例如，在离超市不远的地方就有临街便利的菜市场，菜市场中的蔬菜，购买方便，价格也便宜，而超市内的食品类柜台中也有蔬菜出售，同类蔬菜在这里出售，质量要求高，价格也比较高；为什么两种场所的产品都有顾客呢？仔细追究，其道理则不言自明：超市内的蔬菜相对干净、容易净化且质量更可靠，部分产品甚至可以即炒即用，对于没有时间更多地放在家务劳动上、或不愿做净化蔬菜这种劳动，又在收入上能承受这种相对较高价格且追求商品质量的消费者来说，随其他商品的选购顺便选择超市蔬菜就成了他们的消费习惯，这时候谁会斤斤计较这种价格上的差别呢？而邻近的一些摊贩市场，虽然他们的商品净化程度低，但价格便宜，对收入不多的工薪阶层或有时间自己净化蔬菜的家庭来说，摊贩市场自然成了他们经常光顾的首选。由此看来，超市和邻近的摊贩市场虽然在销售同样的商品，可是由于顾客的需求不一样，超市的商品虽然较贵，但照样能站住脚跟；而摊贩市场的商品虽然质量和净化程度低些，但价格便宜，也有它自己的消费群体。这种现象，在市场竞争中被称为细分市场。

市场中，每一个能生存下来的竞争者，都有一个细分市场，特别是对创业初期的中小企业来说，要想在市场中立足并获得发展，就必须善于发现已经上市的产品在满足需求方面的优势或不足，从而扬长避短，发现和选择有利于发挥自身优势的细分市场。

(一)市场细分的依据

一个整体市场之所以能够细分为若干个子市场，主要是由于顾客需求存在差异。影响顾客需求的因素很多，且消费者市场和生产者市场的顾客需求和影响其需求的因素也各不相同。以下分别讨论对消费者市场和生产者市场进行细分的主要依据。

1. 消费者市场细分的一般依据　消费者市场是由那些为满足自身或家庭成员消费需要而购买商品的个人所组成的市场。消费者市场上的购买是一种个人购买，其特点主要是：购买者分散；购买批量小；购买目的是为生活中的最终消费而不是谋求赢利等。对消费者市场进行细分的主要依据有：

(1)地理依据　地理依据是按顾客所在的地区和地理条件来划分的。顾客所处的地理区位不同，其需求特点就会因消费习惯、当地风俗、地理气候特点等因素的影响而不同。例如，我国东南部地区主食消费总体上以米食为主，而西北部地区则主要以面食为主。因此，水稻和小麦在这两大地区有着不同的生产与生活上的消费需求。

在加工食品市场上，北京的天源酱园与“六必居”同为北京著名的酱园，但“六必居”的牌子要比天源酱园老得多。天源酱园创建时，“六必居”已有300多年的历史，在北京享有很高的声誉。天源酱园经过周密的调查，发现“六必居”的酱菜以咸为主，是传统的北方风味。然而当时的北京已经不仅是北方人的天下，越来越多的南方人已经进入了北京，南方风味的食品已经在北京有了较大的市场。于是，天源酱园按消费者口味上的地理依据细分市场后，决定投南方人之所好，生产微咸带甜、咸甜适度的南方风味的酱菜。产品投放市场后，果然大受欢迎。天源酱园由于按地理依据有了自己的细分市场，才能与“六必居”分庭抗争，做到“大路朝天，各走一边；你北我南，各得其所”。不然的话，千军万马过独木桥，天源酱园必定会被“六必居”这个酱园业中的庞然大物挤下桥去。

在面向世界市场进行农产品贸易时，更要注重不同国家或地区在地理需求和偏好方面的差异。例如，日本日清方便面在大部分亚洲市场均有销售，但它是按各地区需求差异分别进行定制的，如向印度出售方便面的面条长度就要短一些，口味要更香浓，并且要用蔬菜替代肉类，因为印度人不像日本人和中国人一样使用筷子，并且许多印度人是素食者。

(2)人口依据　运用人口依据细分市场，主要根据人口的国籍、民族、信仰、收入、年龄与性别、教育、家庭结构等因素来细分市场。人口依据是市场细分时最常用的依据，一个原因是消费者对产品的需求、偏好和使用频率与人口因素密切相关；另一个原因是人口依据比大多数其他依据更易于测量和描述。市场细分主要就是分析顾客需求的差异，不同国籍和民族、不同信仰、不同收入以及不同教育程度的顾客，其需求和爱好大不相同。

(3)心理依据　即使是年龄，性别及收入相同的消费者，由于其所处的社会阶层、生活方式和性格或个性特征的不同，以及购买目的和购买行为的差异，往往表现出对同一产品不同的需求心理。以心理依据分析消费者的需求和爱好，更有利于发现新的市场机会和目标市场。

2. 生产者市场细分的一般依据　顾客在生产者市场上购买农产品的目的是为了再生产和再销售并从中谋求利润，与在消费者市场上的购买产品的顾客相比，在购买目的和需求特点等方面都不同。

(1)地理依据　地理依据包括国界、地区、气候、地形、交通运输以及生产力布局和自然环境与资源等因素。作为工业生产原料的农产品，按用户地理位置细分市场时则主要考虑工业用户的集中程度以及交通运输条件和该产品的供应量等因素。

(2)用户的行业类别　用户所处的行业不同，其需求有很大差异。例如,大麦产品会因为面向食品加工业用作生产食品的原料和面向酒类生产企业用作生产啤酒的原料,而在需求量、需求的季节分布以及对产品质量要求等方面有很大区别。生产铝制品的企业则需要针对汽车制造业、住宅建筑业和饮料容器制造业等不同行业进一步细分市场。

(3)用户的规模　用户的规模不同,其购买力、购买批量、购买频率以及购买行为和方式都不同。例如,规模大的用户通常购买量大,往往要求较低的价格,同时需要较多个人推销的努力,以便提供服务和加强联系,从而保住这个产品市场。

(二)目标市场的选择

把一个整体市场划分为若干个细分市场后,受资源及内外部条件的限制,不可能把所有的细分市场都作为目标市场,而是要在综合考虑诸多因素的基础上,在众多的细分市场中选择一个或几个有利于发挥资源优势、最具吸引力又能达到最佳或满意经济效益的细分市场作为目标市场。因此,选择目标市场时主要应考虑以下条件。

1. 市场潜力　被选定的目标市场的现实需求量和潜在需求水平能符合获利的目标,以利于安排产品供应规模并持续地开拓这个市场。如果选定的目标市场的现实需求量不大,会使供给者获利甚微甚至亏损,以至于无法持续经营。

以长期生产大众喜爱的质优价实、品种丰富的传统名牌面包而享有"面包王"盛誉的义利食品加工企业,在20世纪80年代末期,选择了国内高消费者的需要作为目标市场,断然下马传统面包,改为生产高档精品西点和多功能系列食品,这种盲目追求价高利大的高档时尚、生产普通消费者没有能力购买的高档产品的做法,使企业不但从昔日的面包王成为商旅中的浪子,而且在市场上一步三摇,元气大伤。在饱尝失去市场的教训后,企业体会到:选择目标市场必须从市场需求中最本质的因素出发,即消费群的经济结构以及能体现这一结构的收入差距水平。我国当时消费群层次分界日见清晰，出现两头小、中间大与多极化并存的消费格局，高收入者在当时充其量不过占到3%，这样的高收入消费群体所带来的需求量是无法达到企业的获利目标的，企业的拳头商品依然应该是满足大众消费的大众商品，目标市场应紧紧盯住大多数人的需要，在大目标下，相对选择部分差异性市场，以保证满足不同消费层的需要。基于对选择目标市场的谨慎判断，企业决定恢复以前丢掉的大众所喜爱的传统产品，并对传统产品进行改造。当大众产品重新投放上市后，受到了广大消费者的喜爱。

2. 资源实力 资源能否提供相关的供应能力是选择目标市场的限制条件。资源包括企业拥有的生产经营资源和从外部能够得到的资源。

3. 市场竞争情况 一个细分的市场，有可能被许多地区、企业或农户选为目标市场。如果这个市场上竞争者众多，竞争比较激烈，那么想打入该市场必须先考虑一下自己是否有竞争优势，在这个市场上是否能做得比别人更好。如果没有明显优势，最好不在这个市场上浪费资源。如果在一个细分市场上竞争者较少或者你的竞争优势不易被别人跟从和效仿，就可以考虑把这个市场作为目标市场。

二、市场定位

经营者向目标市场所提供的产品，都会在消费者心目中有一个特定的看法，如产品的质量及其稳定性、产品档次、包装特点等。这些看法取决于经营者对产品在市场上的定位。

所谓的产品定位，是确定产品在目标市场上最终位置的过程。其实质是在市场细分的基础上，为更好地适应目标市场特定的需求和爱好，塑造产品在目标顾客心目中的特定位置，而使自己的产品，包括质量、品牌、包装、促销甚至售后服务等各个环节具有易于被消费者识别的特色。

产品在市场上定位的过程，也是突出产品特色与个性形象的过程，由此受消费者喜欢或迎合了消费者对产品的某种特定要求，在更好地满足消费需要的过程中增强了产品竞争力，从而在目标市场上占据有利的贸易地位。

(一)市场定位方法

产品定位的方法，一般从以下 4 步做起：首先找出可用来给产品定位的因素，如质量、价格、包装是否是名特优新产品等；其次是调查了解现有市场上竞争对手的产品及特性；第三步是确定自己老产品的原有位置和新产品的可能位置；最后对各种可能的位置进行市场分析，从而确定最有利的定位方案。

(二)市场定位策略

1. 填补空白策略　这种策略就是将自己的产品位置确定在目前目标市场的空白地带。例如，采取质量和价格两因素定位方法，如果目前市场上高质量高价格、低质量低价格和低质量高价格的产品都已有竞争对手在生产推销，惟有高质量低价格的产品市场还没人涉足，这显然可能是个机会。企业可将自己的产品确定在高质量低价格的市场区位上。填补市场空白策略的明显优势是企业可以避开竞争，并且可以与竞争对手在目标市场上形成鼎立之势。但是，企业要想在此位置进行产品定位并实际实施这种填补空白策略，还必须解决至少 3 个问题，或满足 3 个条件：

第一，这一目标空白区的市场空间要足够大。很可能有这种情况，即目前这一市场区位的空白不是因为竞争者视而不见或无暇顾及，而是这里没有相应数量的潜在消费需求。例如，企业能使顾客相信它所提供的是高质量的产品吗？因为一般的购买信念是："便宜没好货"，高质量应该有高价格。对于追求高质量的顾客，如果以这种信念购物，企业的产品就不会成为他们的选择对象。面对这种情况，如果企业不具备改变普通消费信念的有效手段和方法，却将产品定位在这一区域，显然会面临困境。

第二，企业有足够的技术力量和生产能力开发目标市场目前这一空白区域所需要的产品。也就是说，企业能以较低的成本生产出高质量的产品。可以设想，之所以竞争对手没有进入这一区域，可能是解决不了成本与质量的矛盾，经济上无法承受高质量产品的低价格。物美价廉是消费者的追求，但满足这种需求愿望并不是一件容易的事，会对生产者生产技术及成本质量管理水平有较高的要求。受此限制，许多竞争者不容易占领这一区域。谁能够开发这一区域的产品，不但能获得可观的经济效益，也会产生较好的社会效益。否则，企业如果没能力达到目标市场的需求却非要占领这一空白市场，不但达不到目的，反而会浪费企业资源。

第三，企业填补市场空白在经济上合算。盈利是企业的主要目的，即使这一空白市场有需求，企业也有能力满足这一需求，但如果进入这种市场最终获利太少甚至亏损，那么任何企业都不会做这种不明智的选择。

2. 与现有竞争者并存策略　所谓与现有竞争者并存的产品市场定位策略，就是将自己的产品位置确定在现有竞争产品的旁边。从实践看，一些实力不太雄厚的中小生产者为产品进行市场定位时多采用这一策略。与现有竞争者并存的产品定位策略所具有的明显优势是：①由于现有产品已畅销市场，企业可不必承担产品不适销的风险，只要模仿现有的产品，用自己的品牌向市场推销就可以。②由于不需要开发新产品，甚至对现有的产品也不必作任何改进，因而可以节省大量的开发研究费用。

当然，实行与竞争者并存的策略，需要具备以下两个前提条件：①在产品要进入的目标市场区域中还有未被满足的需求，这些需求足以吸引新进入的产品，以保证产品的销量。②由于消费者对现有产品已经比较了解，还需要企业具有相应的生产、技术和管理水平，使推出的产品必须在各方面能与竞争者的产品媲美，否则消费者是不会接受的。

3. 逐步取代现有竞争者策略　取代现有竞争者的目标市场定位策略，是指将竞争者赶出原有位置并取而代之，占有他们的市场份额。采用该策略一般有两种原因：一是企业确定的目标市场已被竞争者占领，而且其中已没有进一步发展的潜在需求；二是一些实力雄厚的大企业自信有足够力量打败竞争者，扩大自己的市场范围。

取代现有竞争者策略是富有挑战性的。采用这种策略的企业要有充分的思想准备。首先，新投入的产品必须明显优于现有产品；其次，要做大量的宣传推销工作，大造舆论以冲淡消费者对原有产品的印象和好感。并在宣传推销时要充分利用企业已有的良好声誉。

第三节　如何制定创业企业市场竞争策略

一、创业企业市场竞争策略的特征分析

创业型企业市场竞争策略具有复杂性。从市场竞争策略的发展来看，成熟企业的市场竞争策略极其复杂，其制定实施控制过程需要大量的资源予以支持。显然，创业型企业的战略规划复杂度要大大小于前者。Bhide(1994)从美国成长最快的500家私营企业中挑选出100家，对它们的创始人进行了访谈，结果发现创业者在最初的商业计划上几乎没有耗费多少精力。Bhide的结论支持了我们的设想，那就是创业型企业市场竞争策略的复杂性介乎于完全无规划和复杂规划(成熟企业的战略规划)之间——创业型企业需要经营规划（战略规划)，但是由于时间和资源所限，又无法像成熟企业那样投入大量的资源，制定复杂的规划。

创业企业市场竞争策略具有渐进性。市场竞争策略涉及企业

的长期发展方向问题，具备长期性，因此战略的选择和调整往往有一种惯性的趋势，经济学上也称其为“路径依赖”。一旦创业企业采用了某种特定的市场竞争策略，那么它就以这个市场竞争策略为基础进行发展，而不是根本性地改变方向。大量的研究表明，“全局性的”或者“转型式的”变革确实发生过，但并不经常发生，更典型的变革是“渐进式”的变革，即战略是逐步形成的，或者组织是“零碎地”变革。

创业企业市场竞争策略具有独特性。尽管创业型企业的发展确实需要切实可行的市场竞争策略，但是这种策略可能难以套用已有的策略分析模式加以归纳，这是由于创业活动的现实所决定的。创业型企业，特别是种子期和初创期的企业需要考虑的首要问题是企业的生存问题，Stinchcombe(1965)的研究表明，年轻的企业有高度的失败倾向，因为创业者以及相关组织成员不能迅速地适应自己的角色，同时这些组织缺乏相关的经营记录，与外部的供应商以及购买者的联系也尚未建立，他把这种生存困境叫做新生者的不利条件。因此，对于创业型企业来说，无论是市场竞争策略或是组织制度建设，其出发点是如何获得足够维持企业生存以及后续发展的资源，这一点和一般企业的战略规划差异比较大。因此，对于种子期和初创期的创业型企业来说，考虑更多的是市场经营层面的竞争战略，而公司经营层面的公司战略则可能较少出现在创业者的视野中，尽管这种战略被广泛应用于一般企业的战略规划。

二、如何制定创业企业的市场竞争策略

在市场营销理论中有一个非常经典的4P理论，即产品(Product)、价格(Price)、渠道(Place)、促销(Promotion)。随着整合营销传播(IMC)大行其道，4P理论则逐步让位于一个更时髦的理论：4C理论，即顾客(Customer)、成本(Cost)、方便(Convenient)

和沟通(Communication)。

从4P理论向4C理论迈进,其实就是一种"酒香不怕巷子深"的理念向好货也要吆喝的理念的转变。企业从未像今天这样关注过自己的"传播"问题,一方面是因为今天的传媒十分发达,传媒影响的力量非常强大;另外一方面也是由于传媒过于发达,企业不发出点声音,就很容易被大众遗忘。因此,制定创业企业的市场竞争策略核心思想是,建立以消费者为市场导向的竞争策略,创业企业的产品或者劳务,要努力实现消费者乐于买、买得起、买得到;市场竞争策略应随消费者的变化而转移。

(一)提供消费者乐于买的产品或劳务

企业的生命线是产品。因而要想让消费者乐于购买,首要的一点就是产品一定要过硬,这就要求企业具有良好的产品竞争策略。按照现代的观点,产品的竞争策略包含核心产品、有形产品、附加产品。我国的企业最初只重视核心产品,只看到产品最基本的使用价值;后来,市场经济初期,企业开始逐渐体会到有形产品的重要性,开始研制开发不同类型的产品,重视产品的包装、商标之类的软件;那么到目前为止,随着竞争的进一步激烈,企业对于产品的关注点也进一步扩大化,意识到附加产品,即消费者在购买产品时所同时得到的附加服务或利益,企业不再是仅仅满足于卖出产品即可,而是自觉改善售后服务等相关附加产品的质量。这是以消费者市场为导向的竞争策略必然的要求趋向。

要使消费者乐于购买,产品是基础,同时还需要开发出知名度响亮的品牌,否则很容易陷入"有市无名"的局面里,所以采用优秀的品牌策略也是企业竞争策略中的必然之举。品牌策略在很大程度上是依赖一系列促销宣传策略的支持。要通过各种方式向消费者宣传产品的特征、优势和给消费者带来的利益,唤起需求、诱导购买兴趣,刺激产生购买行为,以实现在市场的各种品牌中脱颖而出成为知名品牌。现代的促销宣传方式很多,无论选择哪种方式都应重视品牌的核心价值。

(二)提供消费者买得起的产品或劳务

消费者购买企业产品一要有购买愿望,二要有支付能力。即是说要消费者“买得起”,这就说到价格竞争策略。所谓价格竞争策略,是指在市场竞争环境下,企业通过制定低于同类产品的价格或相对地抬高价格,以维持和扩大市场份额,战胜竞争对手,增加销量和取得盈利的定价策略。在市场竞争激烈时,企业为了维持和提高产品的竞争力,以低价策略吸引消费者,在某种意义上说是一种可行和有效的竞争策略。但是,低价策略也并非灵丹妙药,并非总是可行和有效,一则企业效益受损,二则消费者消费水平的不断上升会更关注产品的质量等,而不完全是价格。因此,有时企业只采取一种相对稳定的定价,会是一种不错的选择。

(三)提供消费者买得到的产品或劳务

提供消费者买得到的产品或劳务,就要求企业产品有很高的铺货率,需要高超的渠道策略。销售环节越多,产品和劳务加价越大。在这一点上,应该避免销售部门凌乱、市场交叉互相覆盖的现象,要尽力建立统一顺畅有序的销售网,统一价格、统一配送、统一的奖惩政策。从而避免资源浪费、内部竞争、销售力量分散的弊端,提高企业效益。

(四)竞争策略应随消费者的变化而转移

消费者的消费行为是商品的归宿,企业竞争活动成败的关键就在于企业能否适应不断变化着的消费者市场环境,满足消费者的需求。随着大众的生活水平日益提高,消费需求已不再限于温饱,而更多地追求物质之外的或精神的价值。在 20 世纪 80 年代初,物质匮乏,任何一种新上市的产品,都能打开销量;80 年代中期,消费者开始注重质量问题,此时,企业主要采取的传统产品竞争策略,竞争市场虽在孕育,但尚未形成;80 年代末、90 年代初,随着科技水平的提高,产品质量的合格率上升,生产同类产品的企业不断增多。尤其是合资、外资企业产品大量涌现,消费者选择日益多元化,只有质量优良的产品才可能成为优胜者。此时,已经产生竞争市场的萌芽,但大多数企业还是以产品竞争策略为主,辅以宣传竞争策略;进入 90 年代中期,很多企业随着规模的壮大与成长,全面的质量管理已渗透到生产的各个环节,消费者也越来越追求产品内含的服务价值。

从上面的分析过程,我们不难看出:消费者的需求与企业的竞争战略是紧密联系的,消费者市场的需求始终是企业制定竞争策略的关键所在,也只有这样做的企业才能在市场中存活下来。因而根据消费者的需求,创造市场;依据消费者需求的变化,维持市场,从而制定竞争策略,并将之贯彻到企业经营活动的每个环节,才能真正地赢得消费者,赢得企业的生存。

综合以上分析,在现代市场竞争激烈的形势下,创业企业只有以消费者为市场根本导向,视消费者市场的变化,建立优秀的竞争策略,灵活组配产品、价格、促销等竞争策略,适机采用有利于配合市场变化的竞争策略,才能用“优良的产品、周到的服务、合理的价格”取胜于消费者市场。同时,以消费者为市场导向的竞争策略,不仅是为了赢得市场,而且也是为了与消费者良好沟通,及时接受市场瞬息万变的信息,灵敏的反应其变化,从而改进产品,采取更合适的竞争策略,在激烈的市场竞争中掌握主动权。

三、如何制定创业企业的市场营销策略

(一)产品策略

通常情况下,人们把产品理解为具有某种特定形状和用途的物质实体,如苹果、粮食、猪肉和服装等,这是市场观念的传统看法。事实上,顾客购买一种产品有时并不只是要得到一个有形的实物体,而是还要从这个产品中得到某些利益和欲望的满足。例如,工业生产者购买一批小麦用作面包生产的原料,他想得到的不

仅是一批小麦，还希望通过使用这批小麦生产出优质的面包，以满足其获利的需要。因此，他会要求卖方保证小麦的质量，特别是面筋的含量，以保证面包的烘烤品质；他还会要求卖方能及时交货并提供送货上门、有条件的退货或换货等各项相关服务。又如，旅游者到某个农村旅游景点游玩，是希望在欣赏农村风光中得到精神上的满足。这时他购买的不是一种实物体，而是一种非物质形状的观赏服务，这种服务可以满足人们的欣赏需求，因此也是一种产品。

从这种意义看，产品是指人们通过购买活动所获得的某种需要上和利益上的满足。它是由有形的物质实体与无形的服务所构成的。它一般包含 3 个层次：第一层次为核心产品，是指产品要满足消费者的最中心需求。第二层次为形式产品，即呈现在消费者面前产品的具体形式，如品质、特色、式样、品牌和包装等，它能满足购买者在形式上对产品使用价值的具体要求；如果是服务，则是指服务的不同质量与方式；产品的第三层次为延伸产品，是指经营者提供的产品运送、使用方法和相关使用知识培训或传播等服务，它能给购买者带来更多的利益。

1. 产品生命周期策略　产品生命周期是指产品从开发成功投入市场开始到被市场淘汰为止的整个过程。它一般分为导入期、成长期、成熟期（或饱和期）以及衰退期 4 个阶段，描述了一个产品在市场上从无到有、高速增长、市场饱和，直到被淘汰出市场的变化过程。产品的生命周期是指产品的市场寿命，是从产品的市场销售额和利润的变化来进行分析判断的，它受国民经济、市场竞争、政治法律、供求情况、技术进步以及顾客需求爱好等因素的影响较大。

产品在不同生命周期阶段具有不同的市场特征，由此可以对处于不同周期阶段的产品采取不同的营销管理策略：

(1)导入期策略　导入期产品的市场特征主要是：产品刚投入

市场,大部分消费者不熟悉该产品,对它还缺乏信任和了解,因此购买者较少,销量小且增长慢,导致生产规模和利润少;但此时同行竞争也较少。因此,企业一方面应增强产品的市场推广力度,另一方面可根据消费者的不同特点主要考虑以什么价格向市场推出产品。

(2)成长期策略　此时产品的市场特征表现为:消费者已熟悉产品并加入购买者越来越多;销量和利润上升快而生产与销售费用在降低;产品的市场吸引力使竞争者看清了市场前景,因而不断加入竞争。该期应考虑的营销策略有:改进和提高产品质量、增加新品种以保持产品的吸引力;开拓并进入新的细分市场争取更大的市场占有率;寻找和开辟更多销售渠道来适应购买的增长;重点树立产品形象。

(3)成熟期策略　随着消费者和产品销量在市场上的饱和,利润达到最大,而市场竞争也更为激烈化,经营者应重点采取保住原市场份额和寻找新市场、改进产品和营销手段等策略。此时的管理中心是求变。

(4)衰退期策略　进入衰退期的产品,其销量和价格都在下降,经营利润在减少甚至亏损,新产品的出现使某些竞争者退出原产品的竞争。因此,在衰退期对老产品是"弃"还是"守",应看经营实力和产品的市场潜力而定。简单的放弃或者不顾实际的坚守都会蒙受损失。对占市场份额较大的经营者来说可采用续留策略,增加对现有产品经营的投资,进一步扩大经营规模。抢占某些退出的竞争对手所放弃的市场或顾客。还可以采用集中策略,有选择地对销售额过小的细分市场放弃,在有潜力的几个市场上集中人力、物力和财力,重点保持这些产品盈利能力。对市场占有率太小的产品考虑丢弃策略,及时撤出原市场以寻找和发展新的市场机会。

2. 包装策略　产品的包装一般具有保护商品、便于携带和贮运、促进销售、提高产品附加值和为购买和使用提供便利等作用。

原产于我国四川省的榨菜，用大坛子装运出售，获利很小；上海人将它买入后，改为以中坛装售，利润有所上升；香港人买去后，改用小坛包装出售，利润在原来基础上已翻倍；日本人买入后，打开坛子，将榨菜切成细丝，改以小袋包装出售，利润比原来又翻了数番。后来，四川引进小包装生产线，自己直接切丝并以小袋包装出售，售价大增，从此肥水不再流入外人田。

我国福建名产乌龙茶，很受日本人喜爱，几乎家家必备。我国连年出口，以前都用桶包装出售。日本人买进后运到加工厂，拆装熬制成乌龙茶水，装入易拉罐，风靡全国，年销售达 6 亿美元。

由此可见，重视包装，丰富“形式产品”的内容，是增强产品市场竞争力的重要手段之一。

产品包装一般可分为运输包装和销售包装。企业可采取的包装策略有：

(1)等级包装策略　是指对不同档次、不同质量的产品选择不同的包装，使装潢的风格和特点与产品的实际价值相当，便于消费者选择与产品使用环境相适应的包装。

(2)集聚包装策略　就是把使用时相互关联的多种商品纳入同一个包装容器中同时出售。

(3)一次性包装策略　即根据消费者使用习惯和携带便利而设计的包装，如袋泡茶、小袋咖啡等。但使用这种包装策略应注意的是，包装材料不应该用重要的资源，如木材。同时，包装材料要容易销毁，防止造成环境污染。

(4)透明包装策略　是指用透明包装材料，能看清部分或全部内装商品的实际形态、新鲜度和色彩，使顾客可放心选购。

(二)价格策略

价格关系到企业产品在市场上的竞争能力，也是企业盈利的制约因素。一种产品，不仅要有一个好的质量和包装，而且要有一个合理的价格。

1. 产品定价依据　产品的价格除了在客观上取决于产品的生产经营成本与相关费用外，还受到商品供求关系、货币购买力及国家的物价政策等多种因素的影响。

(1)产品的生产经营成本与相关费用　产品的成本费用主要有生产成本、销售费用、贮运费用和共同分摊的期间费用及税金等等。价格如果低于这些成本费用，就会亏损。

(2)市场供求关系　一般情况下，商品供过于求时，价格会下跌。而当商品供不应求时，价格则上涨。而影响供求变化的因素有：消费者总人数和人均收入水平，当消费者人数增加或者收入水平提高时，对商品的需求会相应增加；消费习惯的变化也会影响相关商品供求；对于品质低下没有威望的商品，不会因为价廉而畅销；价格变化对低收入群体的需求量影响较大。

(3)货币流通量　货币发行过多，货币在交易中的流通量超过商品流通的实际需要，就会出现通货膨胀，造成货币贬值，使各种商品价格有不同程度的上涨。

2. 定价时主要考虑的因素　在产品定价前，首先要确定定价目标，然后再结合产品自身特色、销售渠道和促销强度以及市场竞争状况等因素综合考虑具体定价水平。

(1)定价目标　当以利润为定价目标时，要考虑追求的是短期利益还是长远利益，还要顾及实现利润目标的价格在实际市场竞争中是否可行，如果企业追求短期利益最大，在产品没有市场绝对优势地位时只顾定高价，必然引起本商品需求减少，替代品销量上升，延误占领市场的时机。在以保住市场占有率为定价目标时，要注意观察竞争者的价格动向，使自身的定价能随行就市地相应调整。

(2)产品定位与特色　产品定位档次较高时，相应的质量、品牌、包装和促销等费用增加，价格则较高；当产品的特色明显，类似的替代品和相应的竞争者较少时，产品在贸易中具有一定的垄断优势，定价可适当高些。

(3)销售渠道　销售渠道与中间商的选择，与定价关系密切。渠道越长，中间环节越多，定价越复杂；若直接向消费者销售，渠道短，中间环节少，则定价简单，且因费用节省，可将价格定得低些。

(4)产品和市场特征　对鲜活易腐的农产品来说，在邻近新鲜度流失或质量下降边缘时，可适时地降低价格甚至甩卖，以免损失扩大；当市场竞争激烈或产品需求下降时，价格自然要降低。

(5)促销力度　一般而言，促销力度越大则促销费用就越多，产品价格会相应定得高一些。

3. 定价方法与策略　创业初期，大部分企业是中小企业，其定价方法与策略主要有：

(1)被动定价　当某产品的供应者很多，供应量也很大时，市场处于完全竞争状态，单个的生产经营者无力改变市场价格，只能随行就市被动接受市场上既定的价格。

(2)区分需求定价　这是一种根据不同的顾客、商品的不同特色、销售产品的不同时间地点制定的不同价格。不同顾客可承受的价格水平不同，按对顾客的分析判断来以不同价格分别出售产品。同时，根据产品特色的需求差异和购买产品时间地点的不同，可制定不同价格。一般而言，产品特色鲜明可支持较高价格。同样的产品，在旅游区等一些特殊场所或淡季价格一般定得较高。

(3)折扣与让价定价　指产品生产经营者对标价或成交价款降低或减让部分价格或收款，或加赠货品的一种定价决策。让价，又称回扣、津贴，目的是给顾客施以小惠，鼓励购买。这是争取顾客并提高市场占有率的一种方法。实际中通常应用的有现金折扣、数量折扣，季节折扣、推广让价等策略。

(4)地理价格策略　主要是由买主所在区域路途的远近，考虑商品运费负担的一种定价策略。定价时运费是一项重要因素。该价格策略主要有：一是由买方负担全部运费的产地(出厂)价格策略。二是按合同规定由卖方产地价格加上到达指定目的地的一切手续、运输、风险等的费用形成目的地交货价格。三是对所有的顾客不论路程远近，都由卖主将货物运送到买主所在地的统一交货价格。四是卖主将市场划分为几个大的区域，以每个区域与卖主的距离分别定价的分区送货价格。

(5)心理定价策略　这是为适应和满足消费者购买商品时的心理变化所采取的定价策略。它常在产品各零售环节运用，具体有：尾数定价、声望定价、分级定价、因人定价等。

①尾数定价：这是利用消费者买同样商品希望价格较便宜的求廉购买心理来定价的。他们习惯上乐于接受尾数价格，特别是零头为奇数的价格，总认为单数比双数便宜。如 3 元定为 2.9 元。有的地方常将尾数定为合乎当地风俗习惯，以数字谐音寓意(如 9 与久，8 与发等)取得消费者的欢心。

②声望定价：这是为迎合顾客的求名、好利和虚荣心理，对在顾客心目中有一定威望、声誉和信任的商品制定较高价格的一种方法。声望定价特别适用于以价格高低作为判断商品质量优劣来选择商品的顾客。特别是对慕名求购但又不太了解商品的消费者，较高的价格不但能显示其比别人高的购买能力，满足其优越、虚荣的心理，而且便于消费者尽快做出购买决定。对农产品而言，给消费者传递关于产品安全、利于健康等信息是树立产品声望和利用声望定价的前提。

③分级定价：这一般指产品的生产经营者在零售时，将不同规格、质量的商品按档次分级并对各级产品定不同价格的策略。它能满足不同消费层次顾客的不同消费心理需求。这种定价可以使消费者明显看出这些商品的高低档次差别。档次高的可满足高消费顾客要体现优越感的心理需要；档次低的可满足顾客的求廉心理。消费者可根据各自不同的要求，在有限的档次和价格中快速作出购买决定。

④因人定价策略:这是卖主根据买主的讨价还价能力、购买商品的不同用途以及买卖双方的人际关系而制定的价格策略。具体有单一定价和变动定价。单一定价是卖主对所购买同一商品相同数量的同一类型的顾客,按相同价格收款,无论是批发商、零售商或一般消费者,不管是否善于讨价还价的,一视同仁。这样,可以使买卖双方节省时间,便于成交;变动定价是卖主对购买相同数量的同一类型的顾客,收取不同价格的策略。这是卖主对部分买主进行拉拢,使这部分顾客成为长期买主并促其大量购买时,常用的定价策略。采用这种策略时,卖主也可能因为买主是他的朋友、熟人、老主顾,而给予较大折扣。

(三)销售渠道

1. 销售渠道的含义与作用 销售渠道是指商品从生产者向消费者转移所经过的路线、环节和相应的商品所有权转移的过程。中间商是销售渠道中最活跃的力量。所说的中间商是指介于生产者和消费者之间、专门从事商品转移(俗称倒买倒卖)活动的商业企业或个人。中间商在提高市场交换效率、帮助生产者营销、推动产品向消费者转移以及促进贸易规范化等方面有重要作用。

2. 销售渠道的结构与类型 在结构上销售渠道有长短和宽窄之说。渠道的长短是指商品从生产者向消费者转移时参与的中间商种类和经过的中间环节多少。如不利用中间商而直接向消费者销售商品,被称为短渠道。利用代理商、批发商,再经过零售店销售商品,被称为长渠道。渠道的宽窄则是指销售产品时生产者同时选择中间商的数量多少。如生产者只同时面对一个中间商销售商品是窄渠道,而面对多个中间商同时向市场推出商品则是宽渠道。生产者确定渠道的长短和宽窄是销售渠道策略的主要内容。

依据渠道的长短,可将销售渠道分为不经过任何中间商的直接销售渠道和有中间商参与的间接销售渠道两类。

(1)生产者—代理商—批发商—零售商—消费者　由于这种销售渠道包含三类中间商,所以也叫三层渠道,是销售渠道中最长的渠道类型。

(2)生产者—批发商—零售商—消费者　这是传统的销售渠道,为多数的企业或生产者个人广泛采用。但由于批发商类型很多,如全国性的批发商、地区性的批发商和行业性的批发商等,所以这种渠道实际上也比较长。

(3)生产者—代理商—零售商—消费者　这种销售渠道不经过批发商,企业经由代理商向零售商供货,零售商再将产品出售给消费者。

(4)生产者—零售商—消费者　某些企业愿意采取直接向零售商供货的销售形式,甚至自己直接开办零售店,将产品出售给消费者。这是一种比较简单的销售渠道类型。

以上 4 种渠道属于间接销售渠道,同时由于在生产者和消费者之间的中间商种类的不同又依次分成三层、二层和一层销售渠道。

(5)生产者—消费者　这是产品销售渠道中最简单、最短的直接销售渠道。它采用的是由生产者自己将产品直接销售给消费者的方式,如一些农产品在产地被消费者直接买走消费。这种渠道类型简便,比较适用于大宗的加工厂直接订购原材料,或者不耐贮藏或不易经过多层中间商转移的鲜活农产品。

3. 选择销售渠道应考虑的因素　影响销售渠道选择的因素很多,企业经营者在决定选择某种销售渠道之前,应对所提供的产品性状、市场特点及企业本身的各种因素进行综合分析,从而做出恰当的渠道选择方案。

(1)产品因素

①易腐性或易毁性:许多未经加工的鲜活农产品,其有效期很短,易于腐败或毁损,对这些农产品的贸易渠道最好是选择最短

的,以使产品能尽快转移到消费者手中。而相对耐贮藏的农产品如果需要批发商提供贮存服务,可适当选择稍长的销售渠道。

②商品供应的季节性:某些产品供应的季节性相对较强。在供应旺季,产品大批量上市,生产者在无法全面顾及亲自直接面对消费者销售的情况下,可以采取“快产快销”的办法,尽可能同时与多个中间商合作,增加渠道宽度。同时,也利用部分批发商提供的贮存服务,避免产品销售风险。

(2)市场因素　市场因素以考虑销售规模、市场区域性、消费习惯和竞争状况等因素为主。

①每次销量的大小:零星销售的产品,不宜采用直接销售的方式。一家批发商可经营若干家生产者的产品,一个零售商也可同时销售多家企业的产品。对零星销售的产品,如果企业选择经销商为其提供销售服务,则可提高营销效率并降低销售成本。

②潜在顾客的数量:潜在顾客数量的多少,决定了产品市场的大小;市场范围越大,越需要中间商为企业提供服务。如果潜在顾客的数量很小,则以生产者自己销售为好。

③市场的地区性:一般来说,具有地区性的产品的市场相对比较分散,一般需要有中间商参与。

④消费者的购买习惯:顾客对产品的购买习惯,包括是否对价格敏感、购买场所的偏好(如是否愿意在社区、集贸市场还是超市等地点购买)、对产品质量和服务等方面的特殊要求等等,都会直接影响到销售渠道的设置。同时,渠道的选择要与产品的定位相协调,如将高档产品主要放在普通消费者常光顾的集贸市场出售,就不够协调。

⑤商品消费的季节性:某些产品除了供应上有生产的季节性外,在消费上也有季节性。如服装在夏天和冬天有不同需求。为适应这类产品消费的季节性,可以利用批发商提供的贮存服务,以调整供应市场的时间来适应消费的季节性。

⑥竞争性商品：对具有竞争性的消费品，生产者应尽量采用与竞争者相同的销售渠道，不宜重新开辟销售渠道。一般认为，采取与竞争者相同的销售渠道要比开辟新的销售渠道更容易占领市场。

(3)生产者或企业自身因素　主要从生产者或企业实力与能力方面考虑。

①声誉与资本实力：生产企业或个人的声誉越高，资本实力越雄厚，其对销售渠道的选择自由度就越大，有时甚至可自设销售点，并采取生产及销售一条龙的经营方式。反之，如果资金实力薄弱，那就必须依赖中间商所提供的服务。

②管理能力与经验：生产企业或个人在市场营销方面的营销管理能力与经验，在一定程度上决定了销售渠道的选择。如果自身生产技术水平很高而市场营销能力和经验不足，可尽可能通过批发商或代理商来销售产品，只是缩减了自身的利润空间。

③能够提供的服务：如果生产者愿意为产品做广告并可承担广告费用，则多数中间商愿意销售其产品。生产者如果能提供充分的售后服务，如送货上门或定期去零售店，这也能增加中间商经销其产品的兴趣。

(四)创业企业销售渠道策略

创业企业如何选择销售渠道，以便把商品迅速地通过批发商、代理商、零售商或以自行销售的方式送到消费者手中，这种选择就是销售渠道策略。

1. 渠道的长度策略　创业者在考虑选择销售渠道时，首先应在是否利用批发商这一问题上做出决策。一般来说，利用短渠道是保证产品在保质期内顺利达到消费者手中的主要选择，但选择短渠道要符合下述条件：①生产企业与消费者的距离要相对小，如城近郊区的企业就有距离城市消费者近的优势；②生产企业自身资本实力雄厚，并能大量生产产品，有较强的产品覆盖能力；③消费者比较集中或购买者是大量采购;④生产与需求之间有连续性、持久性和稳定性;⑤消费者购买量虽小但单价很高或标准化程度高的商品,如绿色食品,如果渠道中环节过多则难以保证质量和信誉;⑥不易保存的易腐农产品;⑦对销售需要有产品使用等技术指导和相关售后服务的产品。

短渠道的不足是生产者需要增加贮存设备及存货量,还要增加销售人员和相应费用,并且要承担更多的销售风险。如果不满足以上条件则可考虑长渠道。

2. 渠道的宽度策略 渠道宽度策略一般有以下3种选择。

(1)密集的销售渠道策略 它是指在同一地区内对经销商的数目不加限制,尽量扩大渠道宽度的策略。一般对适用范围广、消费者在需要时希望购买方便、并不太计较产品品质或无需到大店选购的产品适于采用密集销售渠道策略。宽渠道策略需较多的批发商和大量的零售商。

(2)有选择的销售渠道策略 这是指在一定地区内,只选择几个中间商来销售自己生产的产品。这种方法比较适用于消费者对某种品牌或区域生产的产品产生一定的偏好、或特色较明显的产品,如质量稳定、声誉较好的产品选择超市或中高档商店销售等。

采用此渠道策略,使生产者与经销商之间更容易协调。从生产者看,有利于其产品占有一定的市场份额,且成本比宽渠道策略低;对经销商来说,这样可维持较稳定的产销关系,能有效地增加经销商销售额并获得稳定利润。

(3)独家经营的销售渠道策略 是指在一定的市场区域内,生产者只选择一家批发商或零售商经销其产品的做法。该经销商享有推销这种产品的一切权利。一般来说,单价高的产品才可考虑采用独家经销。多数产品销售不采用这种渠道。

3. 中间商选择策略 企业在对销售渠道做出选择之后,就要对中间商进行选择。

(1)对批发商的选择　批发商从事进一步转售、生产和加工、或为其他用途而出售商品的交易行为。选择批发商时主要考虑他在商品进货量、市场销售范围、商品分配和运输、贮存、资金融通、风险承担及促销服务等方面的能力。

(2)对零售商的选择　零售商的任务是把商品直接供应给最终消费者。零售商在销售前对生产者与批发商服务,销售过程或售后对消费者服务。对零售商的选择标准注意考虑下述因素:①接近目标市场的程度,零售网点是否拥有大量的顾客。②地理位置是否方便消费对象选购。消费者往往愿意到同类竞争性商品集中的地区选购。在顾客流量较大的地区选购者会相应较多。③零售商及其销售人员是否具备销售自己产品的相关知识和经验。④零售商的和贮运能力,零售店应按时付货款和有一定的运输能力。

4. 促销策略

(1)促销的含义与作用

①促销的含义:促销就是促进销售,是以人员或非人员的方式,帮助或说服顾客购买某种商品或劳务,或者是使顾客对卖方的营销产品或经营观念产生好感。促销的实质是在买卖双方之间进行的信息沟通,主要是卖方向买方传达关于企业和产品的信息。沟通信息的方式分为非人员方式(如卖方所做的广告、文字宣传等“单向沟通”)和人员方式(买卖双方都是信息的发出者,也同时是信息的接受者,是“双向沟通”)。

②促销的作用:促销的主要任务是传递企业和商品信息,并借此推动商品的销售。其具体作用主要表现在:一是沟通信息。生产者向中间商和消费者提供关于产品等方面的信息。二是扩大需求。通过向消费者和公众传递产品信息来诱导和创造需求,达到增加需求的目的。三是突出特色。通过促销活动宣传自己产品与竞争产品的区别,强调并突出自己产品的特点,使消费者加深对产品的了解,从而增加销量。四是产生偏好。通过促销活动,使消费

者对特定产品产生偏好，保证产品销路畅通，市场地位稳定。

(2)不同促销方式的特点　促销方式包括人员推销、广告、公共关系和营业推广。不同的促销方式具有各自的优缺点，由此决定了不同促销方式所适应的情况不同。创业企业要注意结合自身产品特点和经营实力，扬长避短地选择合适的促销方式。

(3)创业企业促销策略选择　创业企业在决定促销方式之前，首先应搞清楚自身实力、产品特点和竞争及交易需要等情况，然后再对促销预算、促销范围和具体促销方式等做出具体决定。

①促销预算视促销主体和经济实力及产品特点而定。从主体上说，如果促销活动不是生产者自己出面组织，而是由当地乡镇或县(市)等各级政府出面，统一宣传本区域主要特色产品的，生产者就可借船出海。如果是亲自搞促销，一要看自己在经济上有多大实力承担促销费用，二要考虑是否有能力使促销的钱使用得当，取得良好效果。自己对促销没经验或对促销效果无把握时，可以适当咨询懂行人员或请专业公司帮忙。从产品特点讲，如果生产的产品在质量、包装和品牌等方面特色不明显，则没必要通过广告促销，以免让竞争者搭便车。

②促销覆盖面要视产品现在和将来占领的目标市场范围而定。采用人员促销时，对促销的范围比较容易控制。当采用广告方式促销时，需考虑促销信息通过不同传播媒体发布能够波及的消费对象和范围。产品的交易范围越广，需要将促销信息发布的范围也越广，越应当选择信息传播和影响范围大的媒体。媒体传播范围一般有区域性的和全国性的。但随着媒体势力范围的扩大，其促销费用也随之大增，因而绝不能盲目求大。

③促销方式必须紧密结合交易形式的需要来确定。例如，当产品交易以批发方式进行时，由于目标顾客是中间商而非个别消费者，因而可采用人员促销方式提高一对一的沟通效率。若经营的产品是面向较大的市场范围和许多消费者零售的，则可考虑结

合广告、营业推广或人员促销等多种形式强化信息沟通。同时,促销内容必须以突出产品自身特色为主。

第四节　创业企业应对市场环境变化的战略考虑

与大企业相比,创业企业一般为中小企业。中小企业在生产的专业化、产品的差异化、技术创新以及自主性、灵活性等方面具有一定的优势,但是中小企业规模小,资金力量单薄,经营品种单一,技术总体水平也比较低,因而在激烈的市场竞争中,往往处于不利的地位,是竞争中的弱者。因此,中小企业要想在激烈竞争中求得生存和发展,必须根据自身的优、劣势和特点,选择适于自身发展的与大企业不同的竞争战略,才能保证企业不断发展壮大。可供中小企业选择的竞争战略主要有6种:聚焦战略、寻找空隙战略、特色经营战略、竞争战略联盟、柔道战略和突破战略。

一、聚焦战略

这是根据创业中小企业规模小、资源有限等特点而制订的一种战略。创业中小企业实力较弱,往往无法经营多种产品以分散风险,但是可以集中资源,专注于某一特定的、能发挥企业自身优势的领域。因此,聚焦战略的实质在于将企业有限的资源集中于市场中的某一特定的细分市场进行专业化经营,以期在这一领域获得竞争优势。

根据市场、顾客、销售等方面的情况,创业中小企业可以集中专业化经营的领域有:按最终使用者专业化,即专门致力于为某类最终使用者服务;按特定顾客专业化,即只对某一个或几个主要客户服务;按服务项目专业化,即专门提供某一种或几种其他企业没有的服务项目等。其出发点是精心服务于市场的某一细小部分，而不是与主要的企业竞争，只是通过专业化经营(集中经营)来占据有利的市场位置。

聚焦战略下的专注化，对中小企业特别合适：其一，对企业来说，采用目标集聚策略要求企业将有限的资源用到最有优势的项目上，也就是军事策略里的“兵力集中”原则，在局部战场形成相对优势，就有了打赢局部战争的重要保证；同时，目标集聚策略也会使企业更具特色，因而会显得更为专业而值得信赖。其二，对消费者市场来说，采用目标集聚策略能够很好地满足消费个性化、多样化的总体趋势，符合建立以消费者市场为导向的竞争战略的要求。但要注意的是，“专注化”并不等同于单一化。相反，它应体现出在专业领域的全面与细致。选择这种竞争战略的中小企业经营相对集中，管理也比较方便，有利于提高技术，取得有利的竞争地位。但是，采用这种战略也给中小企业带来一定的经营风险，因为它们往往过分依赖于某种产品或技术，一旦市场变化、需求下降就会给中小企业的生存带来威胁。因此，为了尽量减少经营风险，选择这种战略的中小企业必须采取以下几项战略措施。

(一)选准目标市场

选准目标市场是第一个环节，也是至关重要的一个环节。中小企业选择目标市场的正确方法，是将某一特定的细分市场对企业的要求同企业自身素质相比较，找到能够发挥自己优势的细分市场。

(二)提高企业的产品开发能力，做好产品的改造创新工作

任何产品都有自己的生命周期，因此，中小企业要在自己服务的目标市场上占据有利地位，必须不断开发新产品以满足消费者的需求。

(三)搞好市场营销

选择这种战略的中小企业一般来说面临的市场或顾客都比较稳定，所以市场营销的重点是：增加销售渠道、寻求新的顾客、采用适当的价格策略等。

二、寻找空隙战略

这是指中小企业可以利用自己规模小、机动灵活、适应性强的特点，进入那些目标市场狭小、市场容量小、大企业不便或不宜进入的行业或领域求得生存和发展的一种竞争战略。中小企业可根据“人无我有、人有我优”的原则，通过寻找市场上的各种空隙，凭借自己快速灵活的优势，进入空隙的市场，努力取得成功，这就是钻空隙战略。

为了确保战略的有效性，选择这种竞争战略的中小企业在战略实施过程中还要做好以下几点：

第一，构建一套高效、灵敏、准确的信息系统。因为这种战略的成功在很大程度上取决于市场信息的准确性和及时性。

第二，组织保障，即组织上要保证战略决策在实施过程中的有效性，以便决策能够以尽可能快的速度转化为企业的生产经营活动。

第三，做好市场营销工作，尤其是要搞好企业的广告与推销工作。因为采取这种战略的中小企业所开发的产品往往不为广大消费者所熟悉，因此企业必须花大力气利用各种手段将产品的有关信息及时传递给消费者。对于中小企业来说，可供选择的推销手段很多，如做广告、办展销会等，企业可以根据自己的实际需要来加以选择。

三、特色经营战略

对于中小企业来说，处理好特色经营与成本之间的关系是战略成功的关键。因为强调特色经营一般要以增加成本为代价，如增加设计和研究的开发费用，用高质量的原材料等。增加成本对中小企业来说无疑是一个沉重的负担，应正确处理特色经营与成本的关系，重点考虑以下一些因素：①企业的经营能力。企业是否能够在激烈的市场竞争中长期保持住自己的经营特色。②成本差距。在与其他企业相比成本差距较大时，消费者就有可能放弃特色因素而重视价格。③市场的发展状况。一般来说当产品达到成熟阶段，消费者对产品的经营特色兴趣降低而转向低价的标准产品。

四、竞争战略联盟

这是根据中小企业资金不足、生产技术水平不高，难以利用规模效益等特点而制定的一种竞争战略。中小企业在平等互利、风险共担的基础上，结成较为紧密的联系，互相取长补短，共同积累资源、共同开发新技术及新产品、共同开发市场等，从而有利于自己的生存和发展，这就是中小企业的竞争战略联盟。

五、柔道战略

与大企业相比作为弱者的中小企业要想生存、发展乃至取得较大的市场占有率，关键是战略的选择。当然，向强者发动正面的、直接的挑战，如果成功，收益也很大，但风险也大，成功的概率不一定大。最有效的方法是实施柔道战略。

美国麻省理工学院管理学家迈克尔·库苏玛诺教授认为，“柔道战略”主要是帮助中小企业有效地与地位稳固的大企业在市场上抗衡。中小企业实施“柔道战略”需要把握以下几点：①发现强者的弱点。②创新与特色。③避免正面刺激强者。④借力打力。

六、突破战略

这一战略是伦敦商学院战略与国际管理学教授康斯坦丁诺斯·马尔基茨提出来的。这种独特性与有效性相结合的战略，他称之为“突破”战略，并认为这是中小企业超越一流企业的战略选择。这一战略包含以下 6 条基本原则：

①战略的目标就是为公司选择一个独一无二的战略定位。②为了选择战略定位，战略首先必须列出尽可能多的可选择项。③在列出所有的选择后，必须作出明确的选择。④所作出的选择组合必须能够不断得到增强。⑤所作的选择组合必须在不减少灵活性的情况下与企业环境相协调。⑥所作的选择组合要正常地发挥作用，还需要适当的制度支持。

第七章　创业企业的企业文化建设

企业文化又称公司文化、组织文化，具有丰富的内涵，尽管国内外对企业文化没有统一的定义，但是企业文化由精神文化、行为文化和物质文化3部分构成，这一点已达成共识。企业文化具有导向、凝聚、激励、约束和整合功能。在传统的理论中，企业文化被认为是文化学、社会学和管理学的研究范畴，与经济学无关。然而，企业文化却具有丰富的经济学内涵。企业文化是一种特殊的社会资本。在新制度经济学中，企业文化还被看作是非正式制度。

第一节　企业文化的构成

一、企业文化的基本构成

认识企业文化并非易事，原因在于企业文化既有显性的内容，又有隐性的内容。美国学者帕米拉·路易斯、斯蒂芬·古德曼和波特利西亚·范德特认为，企业文化由具体行为层和深层两部分构成。具体行为层是看得见的东西，而深层是看不见的观念、共有价值观、宗旨和行为标准。支持这些具体行为的是企业员工心灵深处看不见的深层次的东西。这种情况就像冰山一样，人们所能见到的具体行为只是冰山之一角，而在冰山下面，看不见的观念、价值观、宗旨、行为标准占大部分，但却发挥主要的和基础的作用。因此，认识企业文化不能只看表面的东西，而要努力去揭示深藏员工心灵深处的东西。

根据企业文化对人的思维、行为影响的差异，可以将企业文化描述成3个层次：第一层是最深层，是企业的共有观念和核心价值观，它起着核心的作用；第二层是中间层，是企业具体行为和习惯，即"我们做事的方式"，由核心层决定；第三层是最简单最容易的标识、文字等，由核心层和中间层决定并表现核心层和中间层。

我国一些管理学者从系统论的观点出发，认为企业文化的结构层次有3个：表层文化、中间层文化、深层文化。表层文化的表现形式是物质文化，包括工作场所、办公设备、建筑设计、造型布局、社区环境、生活环境；中间层文化的表现形式是管理文化、制度文化、生活文化；而深层文化的表现形式是组织目标、组织宗旨、组织精神、价值标准、组织道德和团体意识等观念文化。它的构成要素有组织精神、组织理念、组织价值、组织道德、组织素质、组织行为、组织制度、组织形象等，由此构成一个有着内在联系的复合网络。由此可见，最深层的企业文化是属于精神文化或观念文化，一般包括企业价值观、企业精神、企业道德、企业宗旨、企业使命和企业目标；中间层是指行为文化，包括企业民主、企业文化活动、企业人际关系；而表层则是物质文化层，包括企业环境、企业器物、企业标识（如厂歌、厂徽、广告语）等。由于企业的精神文化决定行为文化和物质文化，尤其是企业精神文化中的核心价值观是精神文化的核心，一旦形成就很难改变，因此企业的核心价值观决定着企业文化的方向。

二、企业文化的主要内容

企业文化是一个体系，其内容十分丰富。这里主要介绍企业精神文化的主要内容，包括价值观、企业精神和企业伦理道德。

（一）企业价值观

国外管理学家一般认为：价值观是"组织的基本观念及信念，他们构成企业文化的核心"，"价值观是企业文化的基石，企业哲学的本质就是追求成功，而价值观提供员工一致的方向及日常行为的方针。这些成功的模式决定了公司英雄的类型，以及企业文化中的神话、典礼和礼仪。”

价值观是关于事物是否有价值和价值大小的看法、观念，是人们对客观事物的总体评价。而企业价值观就是一个企业在追求经营成功的过程中形成的对生产经营和目标追求以及自身行为的根本看法和评价，是为全体员工所推崇的基本信念和价值追求。它是以企业中的各个个体的价值观为基础，以企业家价值观为主导的群体价值观念。企业价值观是一个体系，而在这个体系中必有起主导作用的价值观，称之为核心价值观（或称为主导价值观、基本价值观）。

从企业价值观形成过程来看，其规律是：由一元的价值观发展为多元的价值观，再由多元的价值观发展为核心价值观。企业价值观体系中，除了核心价值观以外的部分均为一般价值观。它包括人才观、质量观、创新观、信用观、服务观、激励观、效率观、危机观和成败观等。

企业的使命主要阐明企业为什么而存在，即企业的生存意义，它是企业核心价值观的展开。宗旨就是一种根本主张，这种主张由使命规定了的，是使命的深化，是实现使命的根本途径和方法。宗旨比使命更具体、更具有规定性。大内在《Z理论：美国企业如何迎接日本的挑战》一书中指出："一种宗旨能够明确地阐明，对于一个企业来说，什么是重要的，什么是不重要的，从而有助于该企业保持特色。它还能使计划具有效率，并使分享这个共同文化的人们互相协调。"它阐明企业应该怎么做，奉行什么原则，通过什么根本途径，采取什么根本方法，去实现企业使命的要求。宗旨把根本追求深化到如何做的层面，有助于使命的实现。而企业目标是企业生产经营活动所要瞄准的方向，是企业使命和宗旨在奋斗方向上的凝结，是企业使命的具体化，是员工行为的根本导向。

（二）企业精神

企业精神是企业文化的高度浓缩，是企业文化的灵魂。企业精神是由企业领导人所倡导和精心培育的，并为员工群体认同的反映企业价值观、企业伦理道德、企业使命、宗旨与目标的思想观念、精神支柱。企业精神是一种团体精神，对企业使命、宗旨、目标凝结成一种信念、一种感情、一种意志的表达，它贯穿了对企业使命、宗旨、目标的坚信和实现的决心，是企业成功的精神支柱。企业因自己的生产方式、历史传统、产品结构、管理风格、员工状况的不同，受社会潮流、民族精神的影响，必然会形成自己独特的企业精神。但企业精神往往用简洁而富有哲理的语言形式加以概括，通常以厂歌、厂训、厂规、厂徽等形式形象地表达出来。从世界范围来看，世界各国先进的企业都非常重视企业精神的培育，如澳大利亚 69%、美国 77%、德国 79%、日本几乎 100%的企业都有比较明确的企业精神或类似用语的表达。如松下的"产业报国"精神，新中国成立前我国民族资本企业的"民生精神"、"东亚铭"，新中国成立后我国企业的"孟泰精神"、"铁人精神"等。

企业精神和价值观不是一个概念，两者既有联系又有区别。价值观是一个关系范畴，反映的是衡量价值判断对象的哪些属性能够满足价值主体需要的标准；而企业精神是一个状态范畴，描述的是一个企业全体或多数员工的精神状态，不作价值判断。虽然价值观也是精神领域的东西，但价值观存在的意义主要在于指导选择，解决哪些事值得做，哪些事不值得做，并在许多件值得做的事中应该选择哪一件先做的问题。而企业精神存在的意义在于能够激发员工的积极性、主动性和创造性，鼓舞士气，并营造把事情做成的精神氛围。正确的价值选择是企业精神发挥作用的前提，但是正确的价值选择也需要高昂的斗志和精神状态才能实现。企业精神是企业价值观尤其是核心价值观的表现，一个精神境界和理想追求很高的企业，其做出的选择也必然是高水准的，相反，一个缺少斗志、精神委靡不振的企业，其做出的选择也不可能是高水平的。

(三)企业伦理道德

在印欧语系,伦理、道德分别源于希腊语和拉丁语,其原意都是指“风尚”、“习俗”,是指人们的行为规范。在我国古代,“道”表示事物运动变化的规律,“德”是指“道”对自己有所得的东西。而现在的“道德”是指一定社会调整人与人之间以及人与社会之间相互关系的行为规范的总和。“伦”是指人们之间的关系,“理”是指道德或规则,伦理是指“道德关系及其相应的道德规范”。企业伦理道德是调整企业与社会、企业与企业、企业与员工以及企业内部员工与员工之间的行为关系的总和。企业伦理道德是企业文化的重要内容,它以正义和非正义、公正与偏私、善与恶、诚实与虚伪等原则为标准来评价员工的行为,并依靠社会舆论、传统习惯和内心信念来维持企业各种关系的协调运转。企业伦理道德是企业员工必须遵循的行为规范,是一种无形的力量在约束着员工的行为,这种约束有别于企业的规章制度,又与企业的规章制度紧密相连。企业规章制度的约束是一种强制性的,它要求员工“必须这样做”,而企业伦理道德的约束作为规章制度的补充,不是强制性的,而是一种软约束,它要求员工“应该怎样做”。但是,企业的伦理道德大量地渗透在企业的规章制度中,通过有关的“守则”、“准则”、“条例”、“制度”及其他规章形式表现出来,实现伦理道德与规章制度的统一。

美国学者罗斯就美国企业的道德准则征求 1 000 多名公司主管和高级职员、商学院院长和国会议员的看法,有 63%的调查对象说坚持企业道德高标准能增强其竞争地位,只有 14%的人说坚持道德高标准的公司都是比较差的竞争者,而 23%的人回答说,道德标准对其竞争地位有影响,但与企业的成功没有必然联系。可见道德对企业的发展具有重要的意义。

第二节　新创立企业的企业文化建设存在的问题

一、新创立企业的主要特点

创业阶段是企业学习和求得生存的时期，一般来说，新创立企业普遍存在下述问题。

（一）企业面临困难多，承担风险能力弱

由于新创企业的经营者新手多，缺乏经验，同时企业规模小，抵御风险能力弱，因此风险对新创企业带来的影响远远超过成熟期企业。处于这个阶段的企业容易受到外界的冲击，而且企业承受风险能力有限，因此容易陷入困境，非常脆弱，易受挫折，一般性的问题常常演变成危机。

（二）企业资金紧缺，市场份额不稳定

新创企业往往是因为一个好项目，就开始了创业行动。但是资金的筹集是非常困难的，谁都不愿意把资金投资给一个没有经验的人或是根本就不知道会不会存活下来的企业。而且经验表明，企业在刚刚开始时都是亏损的。企业对很多客户也只是在建立关系的过程。在这一阶段企业努力培育更多忠诚稳定的顾客群，为企业日后的快速发展积蓄着力量。

（三）创业者担任领导者和管理者的角色

新创企业由于客观环境的需要，创业者往往集领导者与管理者于一身，他的素质和风格往往决定着企业的成败，是企业一切的核心。但成熟期企业能够突破个人局限，引导企业走向制度的健全和文化的完善，用专业的职业化管理团队来弥补个人的局限，职业经理人团队将在企业经营活动中发挥关键作用。这是新创企业与成熟期企业的一个重要区别。

(四)新创企业的员工不稳定,流动性大

新创企业知名度低,困难较多,抵抗风险能力弱,因此企业员工往往普遍存在着过渡心态和短期想法,对企业的忠诚度不够。因此,创业阶段企业员工通常不稳定而且频繁跳槽,企业流失人才严重。但是随着企业的发展留下的员工会对企业的忠诚度逐渐加强,与企业一同成长,成为企业以后发展的骨干。

二、新创立企业的企业文化建设存在的问题

新创立企业所处的特殊阶段和它的特点决定其对文化的要求不同于成熟期企业,也不同于其他发展阶段的企业,然而也正是因为这些特殊之处使新创企业在企业文化建设方面出现了种种问题。

(一)新创立企业忽视企业文化建设

企业刚刚成立,资金紧缺、困难多、承担风险能力弱,这些新创企业的特点以及在发展中的客观情况往往使领导者更加关注企业的生存问题和企业的赢利能力,大都把精力集中在市场开发和产品销售上面,忽视企业文化建设,而且认为企业文化是自发的或认为企业文化建设只是企业发展起来以后或者是大企业的事,小企业、私营企业不应分心去关注企业文化的建设问题。据对新创立企业的调查,企业领导人当中重视企业文化建设的人“很多”的占2.9%,“较多”的占32.2%,“较少”的占63.9%,认为“几乎没有”的占1%。反映出在企业创业阶段,经营者往往忽视企业文化的建设。

(二)企业文化模仿现象严重,没有自我文化

许多创业者都是新手,对企业文化建设的认识肤浅,又认为每个企业的文化都差不多,于是纷纷模仿,依葫芦画瓢,导致企业文化的个性不突出,没有体现企业和行业的特性,甚至不少新创企业模仿照抄其他企业的企业文化。例如,许多企业常常用求实、创

新、开拓、进取、拼搏这些词语加以概括其文化，这就失去了企业的鲜明个性和特色，变成了一种格式化的组合，不能表达企业文化的特征，更不能显现企业文化的个性。

新创企业的企业文化建设只有跟企业实际相结合，形成自己的独特之处，才具渗透力和生命力，才能长盛不衰。国内外的优秀企业，都是具有鲜明的文化个性的企业。提到海尔就是“真诚到永远”的企业精神，提到娃哈哈就感受到温馨的“家”的文化，提到沃尔玛就知道“低价销售、保证满意”，它们的成功是由于它们具有个性的企业文化，并适合企业现状和未来的发展。

(三)企业文化建设“虚”化

企业文化建设只强调理念建设可以理解为虚，根据企业文化理念落实为具体措施并很好地执行可以理解为实。企业最重要的是“人”，因为员工可以形成执行力，使企业更好地运作。同样，企业文化也需要人将其理念落实，但是基于新创企业员工不稳定、忠诚度不够的特点，因此很容易将企业文化做“虚”。再有，企业文化建设也是需要资金的，但是处在创业阶段，企业资金紧张，更不会拿出钱做这些所谓与企业生存赢利无关的事。因此，企业文化建设也很难做“实”。

三、新创企业的企业文化建设存在问题原因分析

(一)经营者对企业文化的重要作用认识不到位

新创企业忽视企业文化的建设，造成这一现象的主观因素很显然主要是对企业文化的重要作用认识不到位。

在创业时，创业者认为，企业文化和营销管理、生产管理、战略管理、人力资源管理等一样都是企业经营管理的一个方面，它们之间是平行的关系，给它们划分了明显的界限，形成了这样一种观念，其他管理由于涉及企业生存应当“硬”，企业文化只是锦上添花，有条件时再抓。这样，在客观上贬低了企业文化对其他管理的

统率作用和对企业集体性格的塑造作用。在这种错误认识下，企业文化的重要作用被忽视了，为企业以后的健康成长埋下了隐患。

企业文化对于新创企业的重要作用是不能忽视的，优秀的企业文化可以培养并留住人才，为长远发展打下基础；激发企业归属感，激励员工克服创业中的困难；弥补新创企业在制度和管理方面的不足；树立良好企业形象，创造有利于新企业发展的环境等。

（二）对企业文化的知识及相关理论认识肤浅

许多新企业对企业文化概念、企业文化内涵、企业文化结构没有系统的理解与认识就进行企业文化的建设，以为推行企业文化不外乎就是喊喊口号，搞一个小册子，没什么特别，把企业文化变成了形式主义的东西，没有从企业文化最本质的精神层去理解企业文化内涵，没有更深入地学习企业文化的知识与理论，对企业文化的概念、内涵、结构、相关理论等认识肤浅。因此，新创企业在进行企业文化建设的过程中就出现了上述种种问题。使企业文化不能很好地发挥作用。

（三）缺乏明确的核心理念

美国著名的管理学家彼得·圣吉在其著作《第五项修炼》中提出企业“共同的愿景”，意思是说一个企业及其员工必须有一个共同为之奋斗的目标，这个目标可以作为核心凝聚力使员工团结起来共同努力追求。

企业在创业阶段没有必要在建立企业文化体系上下大力气，因为还处于一个摸爬滚打的阶段，一切都在实践当中。但新创企业必须要有自己的核心理念，没有核心理念的企业，就如同一个没有主见的人，人云亦云，随波逐流。

我国民营企业总是不能很好地发展，大多是与没有核心理念有关，不知道自己想朝什么方向发展，往往是根据企业主要创始人的个性确定核心理念、简单的模仿或照搬别人的企业文化。在激烈的市场竞争中，企业如果没有一个自上而下的统一目标，是很难参与市场角逐的，更难于在竞争中求得发展。

（四）企业员工对企业文化建设缺乏积极性

企业处于创业阶段，企业人员流动性大，对企业的忠诚度不够，员工对企业的忠诚处于培养之中，大多数企业员工更关心个人利益的实现，因此企业员工更注重物质追求。在他们的价值观中，金钱和物质所占比重很大，他们更需要物质刺激，而非精神追求。

在现实中企业文化推行的内容往往与他们的需要没有直接联系，创业阶段企业员工对文化所提倡的各种价值观、企业精神等漠然视之。由于员工对企业文化建设的关注热情相对较冷，可能企业文化的具体措施很难得到落实，使企业文化建设“虚”化。然而，员工是企业文化的载体，企业文化难以在员工中体现出来不能算是真正的企业文化。如果这种情况长期延续，十分不利于新创企业企业文化的形成与建设。

第三节　新创立企业的企业文化建设途径

一、明确企业文化建设的目标

对于新创立企业来说，企业文化建设的主要目标就是增强企业的凝聚力。企业凝聚力就是使员工能够团结在一起，互相信任，互相促进，努力工作的一种向心力。它能够提高员工的士气，振奋员工的精神，从而提高工作效率，增强企业实力，提高企业竞争力。

（一）凝聚力是企业精神的集中体现

一个企业就好比是人的躯壳，员工就是血和肉，而凝聚力就是人的一种精神，一个打算成就一番事业的人，必须具有一种顽强拼搏，勇于奋斗的精神。而一个企业也需要有这种精神。企业的凝聚力也是支持一个企业得以生存、发展的精神。这种凝聚力成为一条纽带把员工的心紧紧地连在了一起，使员工尽最大努力，发挥力量,为企业创造财富。

(二)凝聚力是企业的内因,内因是事物发展的基础

企业内部制度的合理化,员工工作制度的规范化是企业顺利开展工作的重要前提。企业内部凝聚力的增强,会提升员工的工作热情,使员工的工作情绪得到高涨,互相没有猜忌,更好地投入到工作中,工作效率也自然提高了,同时也给企业带来了巨大的经济效益,良好的经济效益又能大大增强员工的凝聚力,如此良性循环,才有利于企业的健康成长。

总之,创业企业通过企业凝聚力的打造,从根本上改变过去那种简单依靠工资福利、依靠对人的需求满足、依靠企业承受环境挑战来维系组织内部稳定性的传统做法,使企业凝聚力的打造,建立在依靠企业使命、宗旨和价值观体系的落实和提高企业员工文化认同感的基础上,进而增强员工的安全感、归属感和成就感,从根本上激发企业的创新发展能力。

二、确立创业企业价值观

所谓企业价值观是指企业领导者对企业性质、目标和经营方式的取向做出的选择,是员工所接受的共同观念,是长期积淀的产物,企业价值观是企业员工所共同持有的,是支持员工精神的主要价值观。企业价值观是艰苦努力的结果,是把所有员工联系在一起的纽带,是企业生存发展的内在动力,是企业行为规范制度的基础。不管社会如何变化,产品会过时,市场会变化,新技术会不断涌现,管理时尚也在瞬息万变,但是在优秀的公司中,企业价值观不会变,它代表着企业存在的理由。企业价值观的作用主要表现在如下方面。

(一)企业价值观为企业的生存与发展确立了精神支柱

企业价值观是企业领导者与员工据以判断事物的标准,一经确立并成为全体成员的共识,就会产生长期的稳定性,甚至成为几

代人共同信奉的信念，对企业具有持久的精神支撑力。当个体的价值观与企业价值观一致时，员工就会把为企业工作看作是为自己的理想奋斗。企业的发展过程中，总要遭遇逆境和坎坷，一个企业如果能使其价值观为全体员工接受，并以之为自豪，那么企业就具有了克服各种困难的强大的精神支柱。

（二）企业价值观决定了企业的基本特性

在企业的不同发展时期，会存在一种被人们认为是最根本、最重要的价值，并以此作为价值判断的基础，其他价值可以通过一定的标准和方法“折算”成这种价值。这种价值被称为“本位价值”。企业作为独立的经济实体和文化共同体，在其内部必然会形成具有本企业特点的本位价值观。这种本位价值观决定着企业的个性，影响着企业的发展方向。例如，一个把利润作为本位价值观的企业，当利润和创新、信誉发生矛盾和冲突时，它会很自然地选择前者，使创新和信誉服从利润的需要。

（三）企业价值观对企业及员工行为起到导向和规范作用

企业价值观是企业中占主导地位的管理意识，能够规范企业领导者及员工的行为，使企业员工很容易在具体问题上达成共识。从而大大节省了企业运营成本，提高了企业的经营效率。企业价值观对企业和员工行为的导向和规范作用，不是通过制度、规章等硬性管理手段实现的，而是通过群体氛围和共同意识引导来实现的。

（四）利用企业的核心价值观鼓励员工释放潜能

守旧是人的本性，人们经常执守着今天的思维方式，即使这种思维方式不能把他们带向他们想要到达的明天。许多创业企业组织者会这样感叹：如果员工遇到生产经营中的问题能够主动承担责任，出主意，想办法该多好。实际企业员工具有很大的潜能，员工的潜能如同光能。普通灯泡所发出的光，只能用作一般照明。但是同样的一股能量如果像激光束那样对准一个方向，就可以穿越任何障碍。这种聚光原理同样适用于企业组织的活动。一个企业组织中的人愿意投入多少力量，企业组织能否引导他们朝着一个重要的单一目标共同努力，都直接关系到企业组织的成败。企业可以利用核心价值观激发员工的创造力，解决企业面对的各种困难问题。

（五）树立明晰的企业愿景

一个明晰的愿景，应该是对企业内外的一种宏伟的承诺，使人们可以想见达成愿景后的收益，它应该具备以下特征：能够让人们激情澎湃，鼓励成员，调动他们的积极性，让人们觉得有点高远但又愿意全力为之奋斗。用愿景激发员工变革的欲望，这是战略管理必不可少的一环，也是初创企业创立企业文化的核心。

三、确定符合企业实际的企业文化

每一个具体企业的企业文化都应表现着显著的个性特征，应该拥有不同于其他企业的企业文化。有的重视市场开拓，有的重视产品创新，有的重视售后服务，还有的重视竞争意识、团结合作等。因此，企业文化不能“千篇一律”，不能相互模仿，每个企业应该在继承和吸收国内外先进的企业文化理念的基础上，根据自己的特点，经营环境和价值偏好，进行具体的设计和定位。

在海尔的创业初期，企业为了早日使管理走上正轨，在质量控制方面，主要采取泰勒的科学管理方式，强化管理，强制提高，并通过“砸冰箱事件”初步树立员工的质量意识。在管理方法上，主要是制定符合企业当时实际情况的规章制度。海尔废除了原来不适用的繁琐的规章制度，针对企业管理无序的实际情况，制订了13条管理规定，其中包括不准迟到，不准打毛衣，不准在车间随地大小便。这些规定在现在的员工看来很好笑，但它却是符合当时海尔的实际情况。而且海尔的领导还以身作则，在企业文化建设中发挥了很大的作用。随着制度观念的确立，企业逐步推出细化了各中心的规章制度，做到了“有法可依”。海尔就是根据企业当前的情况对企业文化进行建设的，当时的海尔正是需要这样的企业文化，就因为这样的企业文化建设才有了今天的海尔。

四、加强创业团队的文化意识

创业团队是创建企业的关键要素。在现实中，创业团队成员由于经营理念与方式的不一致，团队思想没有统一，有些成员不认可公司的目标和策略，产生恶性冲突，导致创业团队解散，这种现象比比皆是。因此，团队成员之间的充分沟通、交流，这不仅可以避免团队的解散，更主要的是通过沟通，可以形成统一的价值观，有利于企业价值观的形成和完善。除团队核心成员以外，也要对员工进行企业文化的强化培训。企业文化建设是一个长期的、动态的过程，需要在一定时间、一定部门和特定的员工中加以灌输、强化、引导与提升。

（一）成立企业文化培训部门

企业文化部是企业文化建设的核心部门，该部门的工作是企业文化的传播与培训工作，这样可以更好地将企业文化渗透到每个员工的心中，同时还可以对外树立企业的良好形象。

（二）在员工中树立“英雄形象”

企业的“英雄形象”是企业文化的体现者，发挥“英雄形象”的作用是建设企业文化一种重要而有效的方法。企业“英雄形象”是人们心目中崇敬的偶像和有形的精神支柱，榜样的力量非常大，有导向性作用，容易使群众产生感情共鸣，因而乐意去仿效。

（三）建立学习制度

通过学习制度，把企业文化学习变成公司一项稳定的制度，引导员工养成良好的学习企业文化的习惯，让员工对学习企业文化产生热情，使员工自觉成为企业文化学习的模范，让企业文化理念准则内化于心，实现对员工持续、有效地渗透。

五、营造向上的企业文化建设氛围

企业文化作为一种文化氛围，渗透于企业一切活动之中，而又流溢于一切企业活动之上。企业文化可以通过文化氛围和对人的影响，渗透到各项管理工作中去。所以，应该营造一种美好向上的氛围并以活泼的方式来实现企业文化的建设，而且向上的文化氛围度越浓郁，文化力就越强。文化力是指企业文化对经营管理活动的驱动力，它可使企业文化更好地发挥作用。企业文化建设是一个长期的过程，而且需要健康的土壤才能培植。因此，在企业内部应先营造一种或多种向上的氛围，才能使企业文化更好地发挥作用。

六、创业者要发挥企业文化缔造者的功能

在新创企业中，创业者往往担任领导者和管理者的角色，而且企业领导既是新创企业的企业文化倡导者，又是组织者和缔造者，因此在文化建设中领导者要身体力行，起到表率作用。

例如：特里·迪尔和阿伦·肯尼迪合著的《公司文化》一书中讲到了通用电气公司的一个故事：那时候杰克·韦尔奇还是一个集团的主管经理。他为了表示出对解决外购成本过高的问题的关注，在办公室里装了一台特别电话，号码不对外公开，专供集团内全体采购代理商使用。只要某个采购人员从供应商那里争得了价格上的让步，就可以直接给韦尔奇打电话。无论韦尔奇当时正在干什么，是谈一笔上百万美元的业务还是同秘书聊天，他一定会停下手头的事情去接电话，并且说道，“这真是太棒了，大好消息，你把每吨钢材的价格压下来两角五分。”然后，他马上就坐下来起草给这位采购人员的祝贺信。韦尔奇的这种象征性做法不仅使他自己成了英雄，也使每一位采购代理商成了不同于一般人的英雄。

七、注重企业文化建设的贯彻执行

在新企业进行企业文化建设过程中，往往由于企业文化缺乏执行力，将企业文化建设"虚"化，也就是说，虽然确立了企业文化的理念、制度等许多相关的东西，但是就像摆设一样放在一边没人过问更没人管理，领导不组织，员工不执行，这是万万不可以的。企业文化建设是实实在在的工程，最终就要执行、付诸于行为，因此这就要求经营者在企业文化建设过程中注重企业文化的贯彻执行。

创业企业文化的贯彻执行需要考虑的关键要素包括以下几点：

第一，领导者身体力行，要带头实施执行文化。如果共同的价值观只是停留在口头、文字、会议等形式上，这样的价值观是不可能被员工所接受的。价值观不应该只是每天不断地说教，而应该每时每刻体现在每个行动上，领导者的行动更为重要。企业文化说起来是一些理念和口号，但实质是"行为"。从根本上说，企业文化要靠每天的决策、做事、待人的方法来形成，而且企业文化是多数人形成的，不是一个领导者提倡就能形成的。领导者的作用是，有非常敏锐的洞察力，关注组织所有成员的心理以及客观的环境，透过口号和行为引导，达成共识，让大家行为一致，形成优势文化。

第二，绩效管理与薪酬文化要服务于企业所想要确立的理念，使员工的业绩与激励的方向一致。对于精神层面的东西，如果不体现在物质层面上，是不可能让人们折服的。要员工信奉共同价值观，必然就要让他们相信这样的价值观是能够给他们带来绩效的，无论是在薪酬上还是个人发展空间上，必须有一个体现的载体。所以，要有意识地向员工表明，新的战略是如何帮助他们提高工作绩效，从而愿意去坚持这种价值观。

第三，讲究贯彻执行的方法。企业文化建设贯彻执行的方法是多种多样的。例如开展管理培训课程，它的一个强有力的作用就是传播和交流企业文化；建立并积极宣传员工行为规范；成立各种业余活动协会并组织多种业余活动；举办各种带有本企业特色的技能比赛等。

第四节　以企业文化建设带动农村文化进步

村官创业主要是在农村，农村是创业企业生存的环境，因此农村的文化变革和进步对于创业企业的健康发展有着重要的影响。总体上看，目前我国农村文化建设与全面建设小康社会的目标要求还不相适应，与构建社会主义和谐社会不相适应，与经济社会的协调发展还不相适应，与广大农民群众的精神文化需求还不相适应。随着农村改革的深入，创业企业逐渐成为农村经济支柱，其所处的地理、人文及历史传统等方面的特殊环境，孕育了独特的创业企业文化。

一、创业企业文化是以农村社区文化为生长土壤的文化

创业企业地处农村，受到周围环境的强烈影响，农村社区的基础设施、文化建设水平及农民的文化心理、历史传统等因素使得创业企业文化表现出明显的乡土性。同时，创业企业中的员工大部分是本乡本土的农民，他们的行为方式、思维模式、价值观念等或多或少地受到农村地区文化的影响，这也使创业企业文化呈现出较强的乡土性。乡土性文化具有二重性，一方面是农村社区文化中的许多积极向上的因素，是发展创业企业文化的促进力量。同时也有一些消极负面影响，即有一些旧的文化行为、价值观念、长期的小农经济环境中产生的自给自足、不求发展的自我封闭观念等，可能成为建设创业企业文化的制约因素。

二、创业企业文化与农村社区文化相互渗透、相互融合

创业企业的壮大发展与整个农村的变革几乎是同步的，而且随着创业企业的发展，创业企业文化越来越渗透到农村的各个角落，存在着相互融合的趋势。工人与农民，创业企业文化建设与农村文化建设的界限逐渐变得模糊。

在浙江东阳横店镇，创业企业文化比较发达，他们有70%的农村劳动力被吸收到创业企业成为工人，真正务农的劳动力也已经或即将纳入企业管理的农业服务体系之中；同时，农民中还分离出第三产业人员。横店的创业企业文化包揽了农村文化建设的绝大部分，他们开展的活动，文化建设的硬件设施，既是横店集团的，也是整个横店镇的。创业企业文化对农村社区文化具有强烈的辐射功能。创业企业文化既影响本企业的职工，也直接地影响社区农民。随着创业企业的发展壮大，它越来越担负着带动、影响和建设农村新型文化的重任。

三、创业企业文化建设担负着提升农村精神文明的历史任务

经济和文化一体化是当代社会发展的根本趋势。经济和文化是不能分开的，离开了文化基础的经济目标最终会以失败告终。经济增长的社会意义和社会价值，要通过文化来体现。创业企业文化不仅对企业自身的经济发展有着重要的意义，同时还担负着引导周边农村社区精神文明建设的历史性任务：它倡导的与现代社会相适应的物质文化、制度文化和精神文化，为农村的工业化、城镇化奠定了坚实的思想文化基础，并以强烈的辐射和引导功能，改变着农民几千年积淀下来的传统行为规范、价值观念，成为农村现代化的强大推动力。

(一)不断引导农民变革思想观念,提高思想素质

封建小农经济和传统计划经济体制形成了农民狭隘的思想观念。因循守旧,知足常乐、小富即安的心态根深蒂固。在农村经济从自然经济、自给半自给经济向社会主义市场经济转变的过程中,这种保守、落后的思想意识成为发展的最大障碍。新的经济运行模式对人的思想观念提出新的要求,观念的变革又是经济发展的先决条件。创业企业文化中蕴涵着适应时代要求的精神信念、价值取向、现代意识等,这些新的观念应通过企业员工扩散影响到整个农村社区。工业生产和市场经济带来的时间观念、纪律约束观念、开放意识、竞争意识、效率意识以及新的生活方式带来的新的文化观念,替代了农业经济时期的散漫、封闭、落后和但求温饱、不思拓展等旧观念。

(二)兴学重教,提高农民的科学文化素质

现代经济成长的历程表明,一个国家、一个地区的经济发展,已不再决定于它的自然资源和原有技术,而是取决于它是否拥有一流人才。创业企业是在人力资源非常贫乏的基础上发展起来的,员工大多来自周边农村,文化技术素质都不高,直接进入劳动岗位后,不能很好地掌握新知识、新技术,影响到创业企业生产水平的提高。因此,创业企业在引进外部人才的同时,更注重当地人才的培养和企业员工文化科学素质的提高。兴学重教,面向农村社区开设科技知识教育、文化知识教育、道德教育、法制教育等,改变了农民的文化知识结构,提高了农民的科学文化素质,也为企业的持续发展提供了丰富的人力资源,使创业企业对人才的需要由被动转向主动。

(三)搞好农村社区环境建设

农村社区建设是农村精神文明、物质文明程度的重要标志。人口城市化是社会发展的趋势。鉴于我国的国情,要实现人口城市化,不可能走农村人口流向城市这条路,只能依靠农村自身的力量来实现这一转变。创业企业担负着实现农村城市化、工业化和现代化的历史重任。创业企业文化既具有转变农民观念、提高农民素质的作用，同时也具有进行环境建设的功能。环境建设，既是物质文明建设的重要内容，又与精神文明建设密切相关。

创业企业和创业企业文化是当代农村社会变革的产物，创业企业文化的产生和迅猛发展又标志着农村一种新兴文化的兴起。这种新兴文化适应市场经济的需要，符合现代化大生产的要求。更重要的是，创业企业和创业企业文化又是农村社会变革以及农村精神文明的有力推动者，在加快新农村现代化建设进程中必将起到积极的作用。

后　记

本书是根据当前大学生村官创业的现状和需求编写的一本普及读物。本书编写分工为:李兴稼(第一、第二章),张子睿(第三章)李萍(第四、第五章),陈俐(第六、第七章),全书由李兴稼教授统稿。本书编写过程中得到北京农学院王慧敏教授的支持,在此表示诚挚的感谢。由于本书编写者水平的局限,书中错误和疏漏之处请读者批评指正。

材(北方本)	9.00
豆类蔬菜园艺工培训教材(北方本)	10.00
豆类蔬菜园艺工培训教材(南方本)	9.00
蔬菜植保员培训教材(南方本)	10.00
蔬菜植保员培训教材(北方本)	10.00
油菜植保员培训教材	10.00
油菜农艺工培训教材	9.00
蔬菜贮运工培训教材	10.00
果品贮运工培训教材	8.00
果树植保员培训教材(北方本)	9.00
果树植保员培训教材(南方本)	11.00
果树育苗工培训教材	10.00
苹果园艺工培训教材	10.00
枣园艺工培训教材	8.00
核桃园艺工培训教材	9.00
板栗园艺工培训教材	9.00
樱桃园艺工培训教材	9.00
葡萄园艺工培训教材	11.00
西瓜园艺工培训教材	9.00
甜瓜园艺工培训教材	9.00
桃园艺工培训教材	10.00
猕猴桃园艺工培训教材	9.00
草莓园艺工培训教材	10.00
柑橘园艺工培训教材	9.00
食用菌园艺工培训教材	9.00
食用菌保鲜加工员培训教材	8.00
食用菌制种工培训教材	9.00
桑园园艺工培训教材	9.00
茶树植保员培训教材	9.00
茶园园艺工培训教材	9.00
茶厂制茶工培训教材	10.00
园林绿化工培训教材	10.00
园林育苗工培训教材	9.00
园林养护工培训教材	10.00
草本花卉工培训教材	9.00
猪饲养员培训教材	9.00
猪配种员培训教材	9.00
猪防疫员培训教材	9.00
奶牛配种员培训教材	8.00
奶牛修蹄工培训教材	9.00
奶牛防疫员培训教材	9.00
奶牛饲养员培训教材	8.00
奶牛挤奶员培训教材	8.00
肉羊饲养员培训教材	9.00
羊防疫员培训教材	9.00
毛皮动物防疫员培训教材	9.00
毛皮动物饲养员培训教材	9.00

以上图书由全国各地新华书店经销。凡向本社邮购图书或音像制品,可通过邮局汇款,在汇单“附言”栏填写所购书目,邮购图书均可享受9折优惠。购书30元(按打折后实款计算)以上的免收邮挂费,购书不足30元的按邮局资费标准收取3元挂号费,邮寄费由我社承担。邮购地址:北京市丰台区晓月中路29号,邮政编码:100072,联系人:金友,电话:(010)83210681、83210682、83219215、83219217(传真)。